Karl-Fritz Daiber

Die Taiping-Revolution in China
(1851-1864)

AF285265

Karl-Fritz Daiber

Die Taiping-Revolution in China (1851-1864)

Beispiele ihrer Rezeption in protestantischen und marxistischen Veröffentlichungen

Darstellung und Randnotizen

BoD

Bibliografische Information der Deutschen Nationalbibliothek:
Die Deutsche Nationalbibliothek verzeichnet diese Publikation in der Deutschen Nationalbibliografie; detaillier-
te bibliographische Daten sind im Internet über
http://dnb.dnb.de abrufbar.

© 2018 Karl-Fritz Daiber
Herstellung und Verlag:
BoD – Books on Demand, Norderstedt

ISBN: 9783752821710

Inhaltsverzeichnis

Entstehungshintergrund und Zielsetzung der Untersuchung

Anlass der hier vorgelegten Analysen war eine Auftragsarbeit des Sozialwissenschaftlichen Instituts der Evangelischen Kirche in Deutschland zur Frage, ob und gegebenenfalls welche sozialen und politischen Einflüsse auf die konfuzianischen Kulturen Chinas und Südkoreas festgestellt werden können. Gedacht war an eine Veröffentlichung im Jahrbuch Sozialer Protestantismus, in einem Band, in dem in unterschiedlichsten Ländern die Wirkungen der Reformation gesucht und aufgezeigt werden sollten.

Zweierlei stellte sich schnell heraus. Einmal, dass ohne Berücksichtigung des 19. Jahrhunderts keine der Sache angemessene Bearbeitung möglich war. Zum andern, dass die Fragestellung damit den vorgegebenen Umfang weit sprengte. So entstand für die Kulturen in China und Südkorea eine 2017 publizierte Aufsatzfassung als Fassung für eine Zusammenstellung von Arbeiten des Verfassers, in der weitere Studien zum Thema mitveröffentlicht worden sind (K.-F. Daiber, 2017). Bereits in der Fassung von 2017 sind Rezeptionsbeobachtungen enthalten. Eine relativ kurze Abhandlung berichtet von der Wahrnehmung der Taiping in einer Veröffentlichung der Berliner Mission von 1855, und davon angeregt ging es um die Rezeption der Taiping-Bewegung in den Werken von Karl Marx und Friedrichs Engels, verbunden mit der Frage, ob und wie deren Rezeption durch Mao Zedong weitergeführt worden ist. Vom Gesamtansatz her drängte sich insbesondere die Frage auf, ob überhaupt und gegebenenfalls wie der protestantische Hintergrund der Taiping-Bewegung dort wahrgenommen wurde.

Die Frage nach unterschiedlichen Formen der Rezeption erwies sich als so anregend, dass die begonnenen Studien über die Publikation von 2017 hinaus weitergeführt worden sind, und zwar in zwei ausgewählten gegensätzlichen Rezeptionslinien: Zum einen in der Rezeptionslinie, die die offizielle Wahrnehmung durch die Kommunistische Partei Chinas widerspiegelt, zum anderen in der Rezeptionslinie der protestantischen Chinamission, jetzt fokussiert auf die Basler Mission, die unter den deutschsprachigen Missionsgesellschaften die intensivsten Kontakte zu den Taiping-Führern aufzuweisen hatte.

Die vorgelegte Rezeptionsanalyse berücksichtigt also nur zwei Publikationsreihen, und zwar diejenigen, die von der Taiping-Bewegung auf der Ebene ihres ideologischen Hintergrunds am stärksten berührt waren.

Im Jahr 2012 ist in Hongkong eine Arbeit veröffentlicht worden, die die Vielfalt der Rezeption der Taiping während des 19. Jahrhunderts, also in relativer Zeitgenossenschaft, in Europa, speziell in Frankreich, Deutschland und Italien aufzeigt. Es handelt sich um den großen Aufsatz „The Images of the Taiping Heavenly Kingdom as Shown in the Publications in France, Germany and Italy during the Second Half of the Nineteenth Century", vorgelegt von Wong Ching Him Felix, Dozent an der "The Chinese University of Hong Kong" (Wong Ching Him Felix, 2012). Wong geht davon aus, dass die Kenntnis der Vorgänge um die Taiping in Europa weit überwiegend über englische Publikationen vermittelt wurde. Er kennt durchaus auch deutsche Missionare wie Karl Gützlaff. Er kennt das Magazin für die neueste Geschichte der Evangelischen Missions- und Bibelgesellschaften (Wong 2012,140), er kennt auch einschlägige deutsche Sekundärliteratur. Er kennt den Basler Missionar Hamberg. Mit Recht sagt er, Hamberg und Gützlaff hätten die Taiping-Bewegung nur in ihren Anfängen ge-

kannt. Offensichtlich kennt er die weiteren Veröffentlichungen der Basler Missionszeitschrift
nicht. Dafür zeigt er indessen, in welch vielfältigen wissenschaftlichen Magazinen und gelehr-
ten Zeitschriften in Deutschland damals die
Taiping-Bewegung behandelt worden ist. Nicht
zuletzt nimmt er auf Karl Friedrich Neumann Bezug (etwa 158. Neumann war einer der ersten
deutschen Sinologen. Er lehrte in München. Bei
ihm studierte Thomas Taylor Meadows, dessen
Darstellung der Taiping in bearbeiteter Form
1857 in Deutsch erschienen ist). Wong stellt insbesondere die Rezeption der *religiösen* Orientie-
rung der Taiping ausführlich dar (161-172). Im
Zusammenhang meiner hier vorliegenden Studie
bezieht sich der Hinweis auf Wong indessen nur
auf dessen Beobachtung der Vielfalt der Be-
schäftigung mit den Taiping in Europa, nicht zuletzt in Deutschland.

Die Materiallage für die Rezeption der Taiping im kommunistischen China ist für denjenigen, der des Chinesischen nicht mächtig ist, dürftig. Nur die beiden hier behandelten Publikationen standen mir zur Verfügung. Dies heißt nicht, dass es keine Taiping-Forschung an den Universitäten in Festlandchina gibt (Hinweise auf einige Arbeiten finden sich am Ende des Literaturverzeichnisses), wohl aber, dass offenbar keine oder zumindest nur wenige Studien in Englisch oder Deutsch publiziert worden sind. Die mir zur Verfügung stehenden Arbeiten geben indessen einen Eindruck davon, in welche Richtung wohl auch andere chinesische Publikationen laufen.

Was die Rezeption der Taiping-Bewegung durch die Basler Mission angeht, ist die Materiallage geradezu hervorragend. In den beiden Basler Zeitschriftenfolgen finden sich Berichte und Analysen von 1853 bis zum Ende des Taiping-Reiches 1864 sowie einige Ergänzungen in den folgenden Jahren. Dazu kommen zwei spätere Veröffentlichungen von Wilhelm Oehler, erschienen 1923 und 1950.

Sowohl Oehlers Arbeiten als auch die Artikel in der Zeitschrift werden jeweils so ausführlich wie möglich präsentiert. Entsprechendes gilt für die beiden Publikationen aus dem staatskommunistischen Umfeld. In der Regel wird Kapitel um Kapitel vorgestellt und Charakteristisches zitiert. Es soll deutlich werden, wie unterschiedlich die Sichtweisen und die Urteile über die Taiping sein können.

Die Arbeit schließt ab mit einem Bericht über Erfahrungen und Entdeckungen in Nanking. Im Frühherbst 2017 haben meine Frau und ich uns dort aufgehalten, nicht nur, aber doch so gut wie möglich auf den Spuren der Taiping.

Die Taiping-Bewegung und ihr protestantischer Hintergrund nach dem Forschungsstand der letzten Jahrzehnte

Die Anfänge des protestantischen Christentums in China sind unübersehbar mit einem Ereignis verbunden, das die Geschichte Chinas in der Mitte des 19.Jahrhunderts geprägt hat, nämlich mit der Taiping-Rebellion, dem Taiping-Aufstand, der Taiping-Revolution und dem Taiping-Reich mit seiner Hauptstadt Nanjiing seit 1853 bis zu ihrer Wiedereinnahme durch kaiserliche Truppen 1864. Dieses Teilreich umfasste den größten Teil Chinas südlich des Yangtses. In den kriegerischen Auseinandersetzungen und im weiteren Prozess der Durchsetzung des Herrschaftsanspruchs der Taiping sind Millionen Menschen umgekommen.

Um es vorweg zu sagen: Der Taiping-Aufstand ist einer von vielen Aufständen in der chinesischen Geschichte. Aufstände traten immer in gesellschaftlichen Krisensituationen auf. In China waren es in erster Linie Bauernaufstände. Die einfachen Bauern waren immer diejenige Bevölkerungsgruppe, die am stärksten unter Krisen zu leiden hatte, seien es Krisen durch Naturkatastrophen, seien es politische oder wirtschaftliche Krisen. Sie verliefen häufig nach einem ähnlichen Muster und könnten in den Sturz der jeweiligen herrschenden Dynastie münden (dazu: W. Franke 1954, 149–152). Rebellionen waren bis ins 19. Jahrhundert hinein fast regelmäßig Aktionen religiöser Gruppierungen, insbesondere von volkstaoistischen Geheimgesellschaften, auch von ethnischen Gruppierungen mit eigenen religiösen Traditionen, etwa den Tibetern unter der Führung von buddhistischen Mönchen, und von Muslimen, vor allem in den Grenzregionen des Reiches wie der Provinz Xinjiang oder dem minoritätenreichen Yunnan. Etwa gleichzeitig mit dem Taiping-Aufstand kam es in Yunnan zu einer Muslimrebellion gegen die Dynastie der Qing, die zur Errichtung eines Sultanats in Dali führte. Erwartungsgemäß kam es auch zu Kontakten zwischen den Aufständischen von Yunnan und den Taiping (Spence 1995, 233-239). In den Randgebieten Chinas verbanden sich mit der Ablehnung der Zentralgewalt häufig separatistische Tendenzen.

Die Untersuchungen zum Taiping-Reich sind zahlreich; von Anfang an sind die Analysen in hohem Maße von den jeweiligen Standpunkten der Analytiker geprägt. Dies gilt für die Äußerungen von Karl Marx, auf die später noch eingegangen wird, ebenso wie für die Wertungen seitens der nationalen Bewegungen in China seit Mitte des 19. Jahrhunderts, erst recht für offizielle Stellungnahmen des kommunistischen China. In der deutschen Presse der letzten Jahre findet der Taiping-Aufstand deshalb Aufmerksamkeit, weil Parallelitäten zwischen dem Taiping-Reich und dem Islamischen Staat festgestellt werden – zu Recht festgestellt werden –, wobei gleichzeitig die Unterschiede, die zwischen beiden Ereignissen bestehen, außer Acht bleiben. Gottesstaat ist nicht gleich Gottesstaat, zumal in dieser Perspektive moderne Diktaturen, die von säkularen Ideologien geprägt sind, unberücksichtigt bleiben.

Wissenschaftliche Bemühungen um die Taiping-Revolution finden sich bei Vertretern der Globalgeschichte, so bei Christopher Bayly und Jürgen Osterhammel (Bayly 2008, in den Kapiteln „Legitimationskriege in Asien" und „Ökonomische und ideologische Ursachen der asiatischen Revolutionen" und Osterhammel 2016 in dem Teil „Die Taiping-Revolution in China". Auf diese Arbeiten hat mich Matthias König aufmerksam gemacht. Die folgenden Ausführungen werden zeigen, dass ich Osterhammel vor allem darin zustimme, dass ich die Taiping-Bewegung nicht chiliastisch-messianisch verstehe, sondern höchst diesseitig im Zusammenhang mit der chinesischen Tradition, politische Neuordnungen über einen gewaltsamen Dynastiewechsel zu erzwingen, dies jetzt auf der Basis eines westlichen religiösen, protestantischen Orientierungsmusters.).

Doch wer sind nun die chinesischen Protestanten, die das Himmlische Königreich ausriefen und zu verwirklichen versuchten? Ich orientiere mich bei dieser Kurzdarstellung im Wesentlichen an Untersuchungen von Wolfgang Bauer (1974, 376-411), Wolfgang Franke (1954), Jonathan D. Spence (1995, 205-239) und Jonathan D. Spence (1996). Jacques Gernet ordnet den Taiping-Aufstand in den explosiven sozialen Kontext ein, der Mitte des 19. Jahrhunderts in China bestand (Gernet 1983, 458-473).

„Taiping Tianguo" meint: „Das Himmlische Reich des großen Friedens" (Spence 1995, 215). Der Gründer der Bewegung ist Hong Xiuquan (1814-1864). Er ist armer Leute Kind. Die Familie gehört zum Volk der Hakka, die ihrerseits zu den Hanchinesen gezählt werden. Die Verwandtschaft tut alles, damit er die konfuzianischen Examina, die die Beamtenlaufbahn eröffnen, absolvieren kann. Im ersten höheren Examen scheitert er, auch nach der erlaubten Wiederholung. Er durchlebt eine schwere psychische Krise und hat dabei ein Traumerlebnis, das er nicht deuten kann: Ein würdiger alter Mann, zusammen mit einem jüngeren, begegnet ihm. Jahre später liest er ein längst in seinem Besitz befindliches christliches Traktat, das offenbar auch die Dreieinigkeitslehre expliziert. Diese Lektüre eröffnet ihm die Deutung des nicht vergessenen Traums: Es ist Gott Vater, der ihm begegnet ist, mit Gott Sohn. Er erlebt die Vision neu und weiß sich fortan als zweiter Sohn Gottes, berufen dazu, das himmlische Reich in China aufzurichten. Er beginnt zu predigen. Issaschar Roberts, ein freier Missionar, der aus Kreisen der südlichen Baptisten in Nordamerika stammt, unterrichtet ihn in Hongkong. Roberts war zeitweise Mitstreiter des deutschen freien Missionars Karl Gützlaff, der große Teile des Alten und Neuen Testaments ins Chinesische übersetzt hatte. Diese Übersetzung war vielfach die Grundlage der biblischen Traktatliteratur, die einheimische Missionare bei ihrer Verkündigungstätigkeit einsetzten.

Durch seine enthusiastischen Predigten und seine radikale Entschlossenheit, die sich auch in ikonoklastischen Aktionen gegen volksreligiöse, konfuzianische und buddhistische Spruchtafeln, Bilder und Statuen richtete, gewann Hong Xiuquan zunächst in Hongkong, dann unter seinen Verwandten und überhaupt unter den Hakka-Bergbauern in der Provinz Guangxi mehr und mehr Zulauf. So entstand nach und nach die Bewegung der God-Worshippers, eigentlich Evangelisten. In der Provinz Guangxi blühte damals das Bandenunwesen. Die Hakka-Bauern, die noch auf ihren Anwesen arbeiteten, wurden immer wieder überfallen und ausgeraubt. Hong und seine Leute stellten sich auf die Seite der Armen und griffen in wachsendem Umfang auch militärisch ein: So bildete sich eine Armee von Gotteskriegern. Man rechnet damit, dass Hong 1850 zwischen 10 000 und 30 000 Anhänger hatte. Die religiöse Sekte war so zur politischen Bewegung geworden, die nicht nur für den Schutz der Armen eintrat, sondern auch die Ablösung der Mandschu-Dynastie zum Ziel hatte. Am 11. Januar 1851 erklärte Hong die Gründung des „Himmlischen Reiches des großen Friedens" und sich selbst zum „Himmlischen König" des neuen Reiches. Damit begann denn auch der Marsch zur erwählten Hauptstadt Nanjiing, die im März 1853 erobert wurde. Die dortige mandschurische Bevölkerung wurde ermordet (Spence 1995, 215).

Während der Zeit des Bestehens der Taiping-Herrschaft traten im Laufe der Jahre wichtige Veränderungen ein. So zog sich der Himmlische König aus der Exekutive weitgehend zurück, blieb aber die letztmaßgebende religiöse und politische Autorität als Staatslenker, Theologe, und Prediger des Himmlischen Reiches. Die Ausdehnung nach Norden gelang nicht mehr, auch nicht die innere Konsolidierung des neuen chinesischen Südreiches. Querelen der Mächtigen führten zur Schwächung. Zudem konnten sich die Armeen der Qing-Kaiser wieder regenerieren. Die Briten und die Franzosen schlugen sich letztendlich auf die Seite der Kaiserlichen. 1864 wurde Nanjiing zurückerobert. Hong hat sich vermutlich selbst das Leben genommen.

Ist dieses Taiping-Reich wirklich ein Teil der Geschichte des Protestantismus in China?

Die frühe Phase der Bauernrevolution erinnert auch an die deutschen Bauernunruhen des 16. Jahrhunderts, ebenfalls von Theologen befeuert. Und die Taiping in Nanjing erinnern an die Herrschaft der Täufer in Münster, ebenfalls von Theologen zumindest mit angeführt.

Hong Xiuquan verstand sich als Auserwählter des Himmelsvaters, als Gottes chinesischer Sohn, als jüngerer Bruder Jesu. Der jüngere Bruder ist nach konfuzianischer Tradition dem älteren zum Gehorsam verpflichtet. Und auch dies entstammt der chinesisch-konfuzianischen Tradition: Der chinesische Kaiser, als Himmelssohn verstanden, ist Ausdruck der weltumspannenden Bedeutung des chinesischen Reiches und seines Herrschers. Es ist also China, in dem und durch das das Himmlische Reich auf der Erde Gestalt gewinnen soll, und zwar sichtbar und jetzt. Für Hong ist das Reich Gottes nicht nur im Himmel, sondern auch gerade auf Erden soziale und politische Wirklichkeit (Bauer, 405 und 406. Dort übersetzte Zitate von Hong zu seinem Reich-Gottes-Verständnis). Anders formuliert: Die Taiping-Bewegung ist nach Hongs Verständnis Transformation auf das Reich Gottes hin. Nicht zuletzt auch auf Grund dieser Theologie sind die Taiping gescheitert: Religiöse Utopien dieser Art enden unter politischen Realitätsbedingen in der Frustration oder geradezu notwendigerweise im religiösen Totalstaat.

Dieser Staat hatte unter Hong auch eine utopische Komponente. Grundzüge eines christlichen Kommunismus, der den Unterschied zwischen Arm und Reich konsequent aufhebt, wurden sichtbar. Dies zeigt eindrücklich ein von Wolfgang Bauer übersetzter Auszug aus der 1853 erlassenen „Bodenregelung der Himmlischen Dynastie" (Bauer, 395-397): Im Agrarstaat China sollen absolut gleiche Lebensbedingungen herrschen. Allein die Größe der Familie bestimmt über den in der Familie bleibenden Ertrag landwirtschaftlicher Arbeit. Was über dies hinausgeht, fällt an den Staat, der es an Familien in

Gebieten verteilt, in denen keine reiche Ernte erzielt worden ist. „Auf diese Weise soll das ganze Volk unter dem Himmel sich des Glücks erfreuen, das der Himmlische Vater, höchster Herrscher, höchster Gott, verliehen hat." (Bauer, 396). Man wird schwer umhinkönnen, in solchen Formulierungen Vorformen der globalen Entwicklung zu Menschenrechtskatalogen zu entdecken. Nicht zuletzt auch dies ist ebenfalls bemerkenswert, dass die Gleichstellung von Männern und Frauen programmatisch erklärt und praktisch zu verwirklichen versucht wurde, auch in der Gleichberechtigung von Männern und Frauen in den Taiping-Armeen.

Gut erkennbar wird, dass die Gesellschaft der Gleichen eine formierte Gesellschaft ist: So sollen jeweils Ortsgemeinschaften unter einem Gruppenleiter zusammengefasst werden. Dieser sichert die Ordnung der Gleichheit und des Ausgleichs zwischen den Familien, aber auch die sittlich-religiöse Ordnung des Zusammenlebens. Für jeden Gruppenverband soll nicht nur eine gemeinsame Kasse geführt, sondern auch eine

Kirche gebaut werden, in der der Gruppenleiter predigt und die biblischen Worte auslegt. Die Kinder sollen Tag für Tag unterwiesen werden. Die ganze Gemeinde soll am Sabbat zusammenkommen. Auch für Hochzeitsfeiern, Geburtsfeiern und für Begräbnisse ist der Gruppenleiter zuständig. Es gibt also keine Trennung von „weltlich" und „geistlich". Das ganze Leben ist religiös geprägt und seine Ordnungen religiös durchkomponiert. Die Anbetung des Himmlischen Vaters bleibt zentral, auch mit der Folge, dass die alten Gebräuche abgeschafft werden (Bauer, 396-397). Religiöser Pluralismus oder die Freiheit, den eigenen Lebensentwurf zu wählen, haben hier keinen Platz. Freiheitlich ist dieser Staat nicht. Manches liest sich, als ob hier die Entwürfe der gesellschaftlichen Ordnung der kommunistischen Systeme unter einem protestantischen Vorzeichen ihre erste Ausformung gefunden hätten.

Dass das Gewaltpotential der Taiping-Bewegung nicht nur durch die politischen Problemlagen des damaligen Südchina wirksam geworden ist, sondern auch durch das Interesse an der pragmatischen Umsetzung einer religiösen Programmatik und damit überhaupt an der Bedeutung, die einer politisch-theologisch begründeten „Orthodoxie" im Gesamtsystem der Taiping-Bewegung zukommt, wird neuerdings auch von Gier herausgestellt (Gier 2014, 221-240, bes. 237-238). Gerade dem Ansatz bei der Schriftauslegung und der darauf ruhenden Dogmatik von Hong liege eine äußerst religiös fundierte Intoleranz zugrunde. Ganz allgemein gilt für Gier, dass orthopraktische Orientierungen weniger zur Intoleranz anderem Denken und Handeln gegenüber neigen als (lehr-)orthodoxe im strengen Sinne. Man tut gut daran, diese These im Auge zu behalten, auch wenn man nicht übersehen darf, dass dies nicht allein für religiöse Denksysteme gelten kann, sondern auch für politische Ideologien, vielleicht sogar für den Dogmatismus als individuelles Lebensmuster.

Ergänzend zur ethisch-politischen Ebene: Bauer weist darauf hin, dass insbesondere die Ausformung des Gleichheitsprinzips sich durchaus auch schon in der älteren Tradition Chinas findet, selbst wenn es politisch nie so konsequent in staatlichen Ordnungen operationalisiert worden ist. Dass Mao Zedong die Taiping als Vorläufer der kommunistischen Revolution wahrgenommen hat, ist von daher kaum verwunderlich (siehe auch weiter unten). Und dass bei Sun Yat-Sen die religiösen Staatsentwürfe Hongs säkularisiert im Rahmen seiner politischen Theorie nachgewirkt haben, ist auch erkennbar, zumal auch Suns politische Arbeit in ihren Anfängen in protestantischen Kontexten stattgefunden hat. (In der Forschungsliteratur werden die christlichen Anfänge Sun Yat-sens wenig beachtet. Interessante Einzelheiten finden sich hierzu bei Peter Barry (Peter Barry 2011, über Google im Internet abgerufen: 27.04.2016.))

Bleibt noch die Frage, in welchem Umfang protestantische Missionare Einfluss auf die Entwicklungen hin zur Taiping-Bewegung hatten. Dass der baptistische Missionar Roberts noch in Nanjing zeitweise Beraterfunktionen, wenn auch mit eher geringem Einfluss, ausüben konnte, ist bekannt. (Welche Komplikationen dies implizierte, geht aus der Fallanalyse von Rapp hervor: Rapp 2008.) Dass Hong Xiuquan die von Karl Gützlaff übersetzten Bibelteile seinen theologischen Arbeiten zu Grunde gelegt hat, ist auch gesichert (dazu vor allem Spence 1996); weniger beachtet ist, dass möglicherweise die Missionsmethoden Karl Gützlaffs eine Voraussetzung dafür gebildet haben, dass die politische Übernahme christlicher Überlieferungen möglich wurde.

Karl Gützlaff stammte aus dem lutherischen Pommern, er durchlief eine Ausbildungszeit als Missionar in der Missionsschule von Johannes Jänicke in Berlin. Jänicke war geprägt von Herrnhuter Erweckungsfrömmigkeit, für die die Bekehrungserfahrung zentral war. Dies gilt dann auch für Gützlaff. Seine Missionsmethoden in China zielten auf individuelle Bekehrung, die im verkündigten biblischen Wort ihren Anstoß erhielt. Seine eigene Missionsarbeit zielt nicht auf Gemeindebildung. Dies sollte Sache der einheimischen Bekehrten sein. Auch die Mission sollte primär von Einheimischen selbst getragen werden. Zu diesem Zweck hatte er einen Stab chinesischer Missionare aufgebaut und in der „Chinesischen Union" zusammengefasst. Gützlaffs Ziel war die Entstehung eines spezifisch chinesischen Protestantismus, in dem die chinesische Kultur in Verbindung mit dem christlichen Glauben einen neuen Ausdruck finden konnte. Gützlaff war es wichtig, dass das Christentum als chinesisches Christentum so schnell wie möglich das Land prägte. Von daher arbeiteten seine Evangelisten relativ frei; die von ihm übersetzte Bibel und die Traktate, Kurzauslegungen für den Alltag des Lebens, bildeten die Grundlage ihrer Tätigkeit. Man kann annehmen, dass die angestrebte Gestalt der Kirche nicht in separaten Missionsgemeinden bestand, sondern dass diese Gemeinden auf die vorgegebenen gesellschaftlichen Einheiten – Familie, Sippe, Stamm – aufbauen, also Volks- oder sogar Staatskirche hätten werden sollen, wie er dies von Mitteleuropa her kannte: Ganz China sollte christlich werden, die chinesische Kultur sollte chinesisch-christliche Kultur werden. Diesem Anspruch entsprach

durchaus das, was Hong Xiuquan in der Vermitt-
lung durch Roberts auch später anstrebte.

Gützlaff ist 1951 in Hongkong gestorben. Nur die
Anfänge der Taiping-Bewegung hat er erlebt
(dazu im Einzelnen die Untersuchungen von
Thoralf Klein und Gerhard Tiedemann 2005).
Dass sich seine Überlegungen in dieser Richtung
als bahnbrechend erweisen würden, hat er wohl
kaum angenommen.

Eine der Folgen der Taiping-Bewegung und ihres
Reiches war, dass die Ablehnung des Christentums in China sich verstärkte. Daran waren natürlich auch die Interventionen der europäischen und nordamerikanischen Mächte erheb-
lich beteiligt. Die Sonderrechte der Ausländer
und damit der Missionare, gesichert durch die
Ungleichen Verträge, wurden von breiten Bevöl-
kerungsschichten als provokativ erlebt. Erst
nach und nach entstand ein neues positives Bild
des Christentums und insbesondere des Protestantismus. Dies sind allerdings Entwicklungen,
die sich erst in den letzten Jahrzehnten in der

Gestalt steigender Mitgliederzahlen niedergeschlagen haben.

Was die protestantischen Missionsstrategien
angeht, hatte das Ende der Taiping-Bewegung
die amerikanischen Missionen in die Vorhand
gebracht. Sie kamen, anders als die europäischen Missionen, mit einem religions- und de-
nominationspluralistischen Hintergrund nach
China. Für sie war von vornherein nicht eine Gestalt der Kirche das Ziel, die gewissermaßen auf
staatlicher Ebene Religion, christliche Religion,
protestantische Religion institutionalisierte. Für
die Nordamerikaner waren Freiwilligkeitskirchen
das Ziel, Organisationen mit einem klar definier-
ten umgrenzten Mitgliederbestand. Auch die
europäischen Missionen schlossen sich nach und
nach diesem Modell an, selbst wenn sie zum Teil
ethnienbezogen arbeiteten; die Entstehung der
Hakka-Kirche durch die Arbeit der Basler Mission
ist hierfür ein Beispiel. Konzepte dieser Art versuchten, die kulturellen Bedingungen der Adres-
saten aufzunehmen, zugleich aber Gemeinden
aufzubauen, die sich klar von einer nichtchristli-

chen Umwelt abhoben. In China gab es für diese Strategie eine gute Ausgangsposition, weil das Land immer schon unterhalb des integrierenden Staatskonfuzianismus religiös begrenzt plural war, nicht zuletzt in den Randgebieten, wo der Buddhismus und der Islam nie aufgehört hatten, eine bedeutende, insbesondere auf einzelne Ethnien bezogene Rolle zu spielen. Es ist merkwürdig, wie wenig dies zunächst in europäischen Missionskonzepten im Blickfeld gewesen ist. Hier scheint doch eher die Realisierung des Traumes von einem Heiligen Christlichen Reich chinesischer Nation das Ziel gewesen zu sein. Gützlaffs Ansatz passte gut in diese Konzeptionierung. Dies erklärt auch seinen Erfolg bei der Requirierung von Geldern in Europa und selbst noch in Nordamerika.

Vor dem Hintergrund dieser Diskussionslinien ist eine Bewertung der Taiping-Bewegung aufschlussreich, die sich im Bericht des Berliner Hauptvereins für die evangelische Mission in China von 1855 findet:

„Noch ist die Stunde nicht da, wo mit den Waffen des Geistes das Reich der Mitte kann erobert werden, aber was gegenwärtig in China vorgeht, dient dazu, ihr Kommen zu beschleunigen. Ein gewaltiger Bürgerkrieg erschüttert seit mehr als sechs Jahren das Land von einem Ende zum anderen; Gedanken, wundersame Gedanken sind unter einem Theile der zahlreichen Bevölkerung rege geworden; man überzeugt sich von der Nichtigkeit des Götzendienstes und zertrümmert der Götzen Tempel und Altäre; man stellt die Heilige Schrift in gleiche Reihe und mit gleichem Ansehen neben die Bücher einheimischer Weiser, ja noch mehr, man proklamiert die Zehn Gebote vom Sinai als die einzige Richtschnur eines gottgefälligen Wandels, vervielfältigt durch den Druck einzelner Bücher des Alten und Neuen Testaments, mit der augenfälligen Absicht, nach und nach die ganze Bibel zu drucken und zu verbreiten. Man verkündigt das Dasein nur Eines Gottes, der Himmel und Erde gemacht hat und seinen Sohn Jesum in die Welt gesandt hat, die Menschen zu erlösen; und lehrt die Sündhaftigkeit des gesamten Menschengeschlechts und fordert zur Buße und Bekehrung auf, als dem einzigen Mittel, die Seelen aus der Gewalt des Teufels zu erretten; man feiert den siebenten Tag der Woche mit gottesdienstlichen Andachten und empfiehlt in weit verbreiteten Druckschriften das tägliche Gebet in Formularen, die denen entsprechen, welche von evangelischen Missionaren in verschiedenen chinesischen Tractaten niedergelegt sind. Eine Gewalt hat sich in Nanking festgesetzt, welche ein auf solchen Grundlagen ruhendes Regiment in einem großen Theile des Reiches aufrecht zu erhalten die Macht besitzt, von dem alle ihre Maßnahmen ausgehen und welches eine Zivilverwaltung einzuführen bemüht ist, für die jene religiösen Vorstellungen die Richtschnur bilden. Eine Gärung hat die Masse des chinesischen Volkes ergriffen, ein Drang nach Licht und Wahrheit sich unter demselben kund gegeben, wie Ähnliches bisher noch niemals unter einem Heidenvolke vorgekommen; und Niemand vermag zu sagen, woher der Anstoß dazu gekommen. Nur der Glaube erkennt darin das unsichtbare Walten Gottes, das geheimnisvolle Wesen seines Geistes. ‚Ich will Ehre einlegen unter den Heiden, spricht der Herr, ich will Ehre einlegen auf Erden!'" (Aus: Zweiter Bericht des Berliner Haupt-Vereins für die evangelische Mission in China 1855, Erstunterzeichner: Dr. Krummacher, Hofprediger, Seiten 11 und 12, Berlin 1855: Wiegandt und Grieben).

Der Bericht wäre einer ausführlichen Interpretation wert, etwa unter dem Aspekt: Was wird berichtet und was nicht? Was wurde den Berlinern aus China berichtet? Gibt es noch erste Hinweise von Gützlaff? Auch andere Fragen müssen hier offenbleiben, etwa die, warum der Führer der Bewegung nicht ausdrücklich genannt ist. Möglicherweise wegen seiner heterodoxen Berufungsgeschichte? Was in diesem Zusammenhang vor allem relevant ist, ist Folgendes: Die Taiping-Bewegung wird als eingreifendes Handeln Gottes beschrieben. Sie ist auf das Walten Gottes zurückzuführen. Es entsteht ein neues China, ein China auf der Grundlage des christlichen Glaubens. Diese Wahrnehmung ist eigentlich nur vor dem Hintergrund der Hoffnung auf ein christliches China erklärbar, auf ein christliches chinesisches Kaiserreich. Der Bericht ist in den ersten Jahren des Bestehens des Nanking-Experiments geschrieben. Noch steht die große Enttäuschung bevor. Nur die Hoffnung auf eine umgreifende Erneuerung Chinas deutet sich an. Welches Kirchenbild steckt in dieser Hoffnung? Offensichtlich die Staatskirche, vielleicht die Volkskirche. Nicht mehr und nicht weniger.

Das Ende der Taiping-Bewegung, die Rückeroberung von Nanjing, bedeutet das Ende der Hoffnung auf ein christianisiertes China. Missionsstrategisch zählen künftig nur die kleinen Bemühungen um die Entstehung von konfessionell differenzierten Missionsgemeinden. Und diese Bemühungen werden in Gesamtchina erst möglich durch die Ungleichen Verträge, die die europäischen Mächte mit China aushandeln. Diese Hypothek lastete schwer auf der Chinamission. Grundlegende Veränderungen entstanden erst durch die kommunistische Machtübernahme seit 1949. Die christlichen Gemeinden waren bis dahin und erst recht von da an nur als Organisationen auf der Mesoebene zwischen Lebenswelt und staatlicher Institutionalisierung möglich. Die Ideen der Taiping haben aber die Entwicklung sozialstaatlicher Ordnungen beflügelt. Darum ist auch im offiziellen China die Taiping-Revolution nicht vergessen. Karl Marx und Friedrichs Engels haben allerdings zunächst in eine andere Richtung gewiesen.

Die Wahrnehmung der Taiping-Revolution in Schriften von Karl Marx und Friedrich Engels sowie bei Mao Zedong (Rezeptionsanalyse 1)

Marx und Engels haben in seltener Wachheit nicht nur die europäischen politischen und ökonomischen Entwicklungen zu ihrer Zeit verfolgt und in vielen Einzelaufsätzen beschrieben und analysiert, sondern ihren kritischen Blick auch auf die Vorgänge in Ostasien geworfen. So ist es nicht überraschend, dass sich die Spuren der Taiping-Bewegung in China in ihren Arbeiten der 1850er und 1860er Jahre finden. (Im Folgenden nenne ich diejenigen Texte, die sich durch das Register der Marx-Engels-Gesamtausgabe, erschienen im Dietz-Verlag (MEW), auffinden ließen.)

Die erste Erwähnung einer sich anbahnenden „gewaltigen Revolution" in China findet sich in einem Aufsatz von Karl Marx und Friedrich Engels, in dem sie die politische und wirtschaftliche Situation in Europa und Nordamerika Revue passieren lassen. Der Hauptteil wurde am 31. Januar 1850 abgeschlossen und etwas später durch eine Analyse neuester Entwicklungen in Preußen ergänzt, das Ganze unter dem Titel „Revue" im Februar 1850 in der Rheinischen Zeitung publiziert (MEW 7, 213-225). Der Hauptteil endet mit einem Hinweis auf neuere revolutionäre Entwicklungen in China:

„Zum Schluß noch ein charakteristisches Kuriosum aus China, das der bekannte deutsche Missionär Gützlaff mitgebracht hat. Die langsam aber regelmäßig steigende Übervölkerung des Landes machte die dortigen gesellschaftlichen Verhältnisse schon lange sehr drückend für die große Majorität der Nation. Da kamen die Engländer und erzwangen sich den freien Handel nach fünf Häfen. Tausende von englischen und amerikanischen Schiffen segelten nach China, und in kurzer Zeit war das Land mit wohlfeilen britischen und amerikanischen Maschinenfabrikaten überfüllt. Die chinesische, auf der Handarbeit beruhende Industrie erlag der Konkurrenz der Maschine. Das unerschütterliche Reich der Mitte erlebte eine gesellschaftliche Krise. Die Steuern gingen nicht mehr ein, der Staat kam an den Rand des Bankerotts, die Bevölkerung sank massenweise in den Pauperismus hinab, brach in Empörungen aus, mißkannte, mißhandelte und tötete des Kaisers Mandarine und Fohis Bonzen. Das Land kam an den Rand des Verderbens und ist bereits bedroht mit einer gewaltigen Revolution. Aber noch schlimmer. Unter dem aufrührerischen Plebs traten Leute auf, die auf die Armut der einen, auf den Reichtum der andern hinwiesen, die eine andere Verteilung des Eigentums, ja die gänzliche Abschaffung des Privateigentums forderten und noch fordern. Als Herr Gützlaff nach 20jähriger Abwesenheit wieder unter zivilisierte Leute und Europäer kam, hörte er von Sozialismus sprechen und frug, was das sei? Als man ihm dies erklärt hatte, rief er erschreckt aus:

‚Ich soll also dieser verderblichen Lehre nirgends entgehn? Grade dasselbe wird ja seit einiger Zeit von vielen Leuten aus dem Mob in China gepredigt!'

Der chinesische Sozialismus mag sich nun freilich zum europäischen verhalten wie die chinesische Philosophie zur Hegelschen. Es ist aber immer ein ergötzliches Faktum, daß das älteste und unerschütterlichste Reich der Erde durch die Kattunballen der englischen Bourgeois in acht Jahren an den Vorabend einer gesellschaftlichen Umwälzung gebracht worden ist, die jedenfalls die bedeutendsten Resultate für die Zivilisation haben muß. Wenn unsere europäischen Reaktionäre auf ihrer demnächst bevorstehenden Flucht durch Asien endlich an der chinesischen Mauer ankommen, an den Pforten, die zu dem Hort der Urreaktion und des Urkonservatismus führen, wer weiß, ob sie nicht darauf die Überschrift lesen:

République chinoise
Liberté, Egalité, Fra-
ternité..."
(MEW 7, 221-222)

Der Schluss des Aufsatzes verweist auf die Quel-
le der Informationen: Sie beruhen auf Berichten
von Karl Gützlaff, der auf seiner letzten Geldbe-
schaffungsreise in Europa auch Vorträge in London gehalten hat. Und er ist es auch, der von
Leuten berichtet hat, die die Umverteilung des
Eigentums bis hin zur Abschaffung des Privateigentums propagieren. Gützlaff weiß nichts davon, dass ähnliche Bestrebungen in Europa auf-
getreten sind, und dass diese unter dem Begriff
„Sozialismus" agieren, weiß er ebenfalls nicht.
Gützlaff hat sich offenbar von den chinesischen
Akteuren eines solchen Sozialismus bemerkenswert distanziert. Aufschlussreich ist in diesem
Zusammenhang vor allem, dass die revolutionäre Bewegung unter der verarmten Bevölkerung
Chinas von Marx und Engels nicht näher beschrieben wird. Auch Namen von Revolutionären werden nicht genannt, ebenso wird nicht-

erwähnt, dass es sich um Leute aus dem Umfeld der protestantischen Mission handelt: die God Worshipping Society, um die es hier nur gehen kann, ist 1843 gegründet worden, und zwar genau von jenen, die 1851 das Taiping Himmlische Königreich ausgerufen haben. Jedenfalls scheint Gützlaff selbst über die Entwicklungen informiert gewesen zu sein. Für Marx und Engels ist die religiöse Basis dieses „Sozialismus" indessen entweder unbekannt oder nicht erwähnenswert.

In den folgenden Jahren finden sich in den Publikationen immer wieder Spuren, die erkennen lassen, dass sowohl Marx als auch Engels die Entwicklungen in China verfolgen. Im Mittelpunkt steht für sie die Frage nach den Ursachen der Aufstände sowie ihren politischen und ökonomischen Folgen. In einem Beitrag für die New York Daily Tribune vom 14. Juni 1853 schreibt Marx der „chinesischen Revolution" einen erheblichen Einfluss auch auf die Entwicklung in

Europa zu. Zur Frage der Ursachen dieser Revolution schreibt er:

„Was immer die sozialen Ursachen sein mögen, die zu den chronischen Aufständen in China in den letzten Jahren geführt und die sich jetzt zu einer einzigen, ungeheuren Revolution zusammengeballt haben, und welche religiösen, dynastischen oder nationalen Formen sie auch annehmen mögen: ausgelöst wurde dieser Ausbruch ohne Frage dadurch, daß die englischen Kanonen China das Rauschgift aufzwangen, das wir Opium nennen. Vor den britischen Waffen ging die Autorität der Mandschu-Dynastie in Scherben; das abergläubige Vertrauen in die Unvergänglichkeit des Reichs des Himmels brach zusammen…" (MEW 9, 95-96)

Die Denkrichtung der Analyse bleibt deutlich: Es sind die politischen und ökonomischen Kräfte, die hier wirksam sind und die die einschneidenden Folgen produzieren. Angesichts des Selbstverständnisses der Taiping erscheint die These, „das abergläubige Vertrauen in die Unvergäng-

lichkeit des Reichs des Himmels" sei zusammen-
gebrochen, höchst gewagt. Das neue Nanking-
Reich war ja genau das Taiping Himmlische
Reich; die Kontinuität blieb zumindest im Selbst-
verständnis der führenden Revolutionäre ge-
wahrt.

In einem weiteren Beitrag für die New York Daily
Tribune vom 15. November 1853 bezieht sich
Marx auf Berichte aus Kanton, in denen die An-
sicht vertreten wird, dass infolgedessen, dass
sich die Aufständischen über das ganze Land
verbreiteten, sich für den Handel, vor allem mit
Tee und Rohseide, nach und nach eine ruinöse
Situation entwickle (MEW 9, 450-451).

In einem Beitrag zur Kriegspolitik Frankreichs
und Englands sowie über den griechischen Aufstand und die Situation in Spanien vom 3. März
1854 (New York Daily Tribune vom 18. März
1854) kommt Karl Marx auch auf die Situation in
China zu sprechen. Die Aufständischen seien im
Vormarsch. Die Rebellen hätten einen „regel-
rechten Kreuzzug gegen die Buddhisten" unter-

nommen, sich damit aber auch die Tibeter und die „Tataren" zu Feinden gemacht. Der Sturz der Mandschu-Dynastie scheine möglich zu sein. Angesichts dieser Situation sei in Fortsetzung ein Religionskrieg zwischen den Taiping und den buddhistischen Nachbarvölkern denkbar. Marx schließt seine Analyse mit dem Satz: „Folglich kann man den großen Religionskrieg zwischen Chinesen und Tataren, der sich über die Grenzen Indiens ausdehnen wird, in naher Zukunft erwarten." (MEW 10, 115-116)

Hier taucht das Religionsthema in einer überraschenden neuen Variante auf, nämlich in der Variante der dezidiert antibuddhistischen Politik der Taiping. Warum sie diese Politik betreiben, bleibt ungesagt. Die Zerstörung alter religiöser Kultstätten und Bilder stand ja schon am Anfang der öffentlichen Aktionen von Hong Xiuquan. Damit praktizierte er seinen christlichen Glauben und den Gehorsam gegenüber dem Gott, der ihn berufen hatte. Ob Marx dies alles einfach nicht gewusst hat? Diese Frage kann vom Textmaterial her nicht beantwortet werden.

Friedrich Engels äußerte sich in seinem Artikel „Persien – China" 1857 zur Lage in China (veröffentlicht in der New York Daily Tribune vom 5. Juni 1857, MEW 10, 210-215). Inzwischen war der zweite Opiumkrieg (1856-1860) ausgebrochen und wurde in brutaler Härte geführt. Engels konstatiert, im Gegensatz zum ersten Opiumkrieg handle es sich jetzt, im „neuen Englisch-Chinesischen Krieg", um einen Volkskrieg der Chinesen gegen eindringende Ausländer. Angesichts dessen, dass die Herrschaft der Mandschu-Dynastie durch die Rebellen bedroht sei, sei in nicht allzu ferner Zeit das Ende des ältesten Kaiserreiches der Welt gekommen. Engels erwähnt in diesem Zusammenhang auch den Rebellenkönig von Nanking. Er scheine sich völlig sicher zu fühlen, einzig bedroht von den Intrigen der eigenen Anhänger. Dieser kleine Hinweis zeigt, dass Engels offenbar über mehr Informationen verfügte, als er im Zusammenhang seines Aufsatzes mitteilt. Erstaunlich ist, dass nicht einmal andeutungsweise der christlich-protestantische Hintergrund des Nankinger

Himmelssohnes angesprochen wird. Von Engels hätte man dies eigentlich erwarten können, hat er sich doch mit dem deutschen Bauernkrieg und seinen christlich-protestantischen Hintergründen ausführlich befasst (Friedrich Engels, Der deutsche Bauernkrieg, MEW 7, 327-413). Parallelitäten hätten zumindest angedeutet werden können.

Ein letzter Beitrag zu den Taiping, überschrieben mit „Chinesisches", veröffentlicht in „Die Presse" vom 7. Juli 1862 (MEW 15, 514-516), stammt von Karl Marx.

Anlass des Artikels ist die Eroberung der Stadt Ningbo durch die Taiping. Ningbo ist etwa 200 km südlich von Shanghai gelegen und war Vertragshafen der westlichen Mächte. Grundlage der Informationen ist ein Brief des britischen Konsuls in Ningbo an den britischen Gesandten in Peking. Der Brief schildert offensichtlich eindrücklich die Grausamkeit und Brutalität der Kriegsführung der Taiping. Marx berichtet, davon ausgehend, auch über die Besoldung der Armeen, über die Rekrutierung der Soldaten und über angewandte Strategien der Kriegsführung.

Was er nicht berichtet, ist, dass die Schlacht um Shanghai zwischen den Taiping und den Kaiserlichen zwar im Gange, aber noch nicht entschieden war. Sie wurde kurze Zeit nach der Abfassung des Aufsatzes von den kaiserlichen Truppen mit Hilfe der Engländer und Franzosen gewonnen.

Seine Ablehnung der Taiping-Bewegung wird schon im ersten Teil des Artikels deutlich zum Ausdruck gebracht: Politische Ziele im Sinne einer völligen Umgestaltung der Gesellschaft erkennt er nicht mehr. Sein Vorwurf: die Taiping arbeiteten nur an einem Dynastiewechsel. Als revolutionäre Bewegung hätten die Taiping von vornherein einen „religiösen Anstrich" gehabt, aber das hätten sie „mit allen orientalischen Bewegungen gemein". Und dann formuliert Marx:

„Die Macht ungezügelter und schrankenloser Ausschweifung für sie selbst scheint ihnen in der Tat ebenso wichtig als die Zerstörung fremden Lebens. Diese Ansicht von den Taipings stimmt in der Tat nicht mit den Illusionen englischer Missionäre [überein], die von der ‚Erlösung Chinas‘, der ‚Wiedergeburt des Reiches‘, der ‚Rettung des Volkes‘ und der ‚Einführung des Christentums‘ durch die Taiping fabelten. Nach zehn Jahren geräuschvoller Scheintätigkeit haben sie alles zerstört und nichts produziert.“ (515)

Es ist nicht ganz deutlich, ob Marx hier den Konsul sprechen lässt oder ob er sein letztes eigenes Urteil formuliert. Sicher ist, dass er die Taiping eher als Störung eines Wegs zur kommunistischen Revolution wahrgenommen hat denn als Bundesgenossen.

Innerhalb der verschiedenen Äußerungen von Marx, auch von Marx und Engels gemeinsam, kommt es gegen Ende des Taiping-Reiches zu einer deutlichen Verschärfung der Ablehnung. Latente Skepsis war von Beginn an vorhanden.

Für Marx und Engels sind die Taiping keine Vorläufer einer großen proletarischen Revolution.

Genau an dieser Stelle folgt Mao Zedong Marx und Engels nicht. Im Blick auf die Wertung der Taiping-Rebellion hat Mao bewusst schon früh einen eigenen, eben den chinesischen Weg eingeschlagen. Es begann damit, dass er die kleinen Bauern als mögliche Träger der Revolution wahrnahm. Damit war eine Brücke für die Einstufung der Taiping-Rebellion als frühe revolutionäre Bewegung in der chinesischen Geschichte gegeben. Dokumentiert wird dies etwa im II. Kapitel der Arbeit „The Chinese Revolution and the Chinese Communist Party, December 1939" (Mao Tse-tung, Selected Works, Volume 2: https://www.marxists.org/reference/archive/mao/selected-works/volume-2/msw2_23htm (07.10.2016)). Hier wird übrigens auch nicht nur von der Taiping-Rebellion gesprochen, sondern vom „Movement of the Taiping Heavenly Kingdom".

Die offizielle Geschichtsschreibung ist dem gefolgt. Nur wenige Jahre nach der kommunistischen Machtübernahme, nämlich 1958, wurde in Nanjiing das „Historical Museum of the Taiping Heavenly Kingdom" eingerichtet. Inwieweit dieses Museum auch die Verbindung der Führer der Taiping-Bewegung zu protestantischen Missionaren aufzeigt, ist mir nicht bekannt geworden. Allerdings gibt es im Internet einen Hinweis auf eine Museumskooperation im Jahr 2011. Damals wurde im Hongkonger „Museum of Coastal History" in Verbindung mit dem Nankinger Museum eine Ausstellung zu den Taiping gezeigt. Im Bericht darüber wird darauf hingewiesen, dass ein zweiter wichtiger Führer der Taiping-Bewegung, nämlich Hong Rengan, jahrelang in Hongkong gelebt und dort gute Beziehungen zu protestantischen Missionaren unterhalten   habe (http://www.info.gov.hk/gia/general/201105/19 /P201105190091.htm (17.10.2016)). Jedenfalls bestätigt dies, dass der kommunistische chinesische Staat auch heute noch das Taiping

Heavenly Kingdom zumindest als national wichtiges Ereignis seiner neueren Geschichte bewertet und die Erinnerung daran wachhält. Offen bleibt hier die Frage, wie der chinesische Protestantismus sich zur Taiping-Revolution verhält, konkreter gesagt, offen bleibt die Frage, welcher Stellenwert in der Lehre der protestantischen theologischen Colleges der Gegenwart diesem Teil protestantischer chinesischer Geschichte zukommt.

Die Wahrnehmung der Taiping-Revolution in zwei der kommunistischen Partei der Volksrepublik China nahestehenden Veröffentlichungen seit der Endphase der Kulturrevolution (Rezeptionsanalyse 2)

In einem ersten Schritt wurden zeitnahe Dokumente von Karl Marx und Friedrich Engels sowie erste Annäherungen an eine Würdigung der Taiping durch Mao Zedong analysiert. Dieser Arbeitsschritt wird jetzt noch ergänzt durch die Analyse von Dokumenten aus der Zeit nach der Kulturrevolution (1966-176). Für nicht Chinesisch sprechende Forscher steht nicht gerade reiches Material zur Verfügung, ganz im Gegensatz zu den reichhaltig vorhandenen chinesischen Forschungsdokumenten. Indessen zeigen die beiden hier präsentierten Arbeiten, in welche Richtung die Analysen gehen. Hauptproblemstellung ist auch in diesem Zusammenhang die Frage, inwieweit die Taiping-Bewegung als religiöse Bewegung, ja sogar als protestantische Bewegung wahrgenommen wird.

Veröffentlichung 1

Die Taiping-Revolution, zusammengestellt vom Kollektiv für die „Serie der Geschichte des modernen China", Peking: Verlag für die fremdsprachige Literatur.

Der Band stellt eine Übersetzung der chinesischen Ausgabe von 1973 dar: Tai ping tian guo ge ming. Auf die Erscheinungszeit wird am Schluss noch eingegangen werden. Zum Verlag: Bestseller in Deutschland und anderswo ist die kleine rote „Mao-Bibel": Worte des Vorsitzenden Mao-Tse-Tung. Zur Romanisierung ist zu bemerken: Alle Namen wurden von mir auf die heute gängige Romanisierung in Pinyin umgestellt.

Die Darstellung der Taiping-Revolution erfolgt in 17 Kapiteln.

I. Wetterleuchten vor dem Sturm, 1-12

„Nach dem Opiumkrieg von 1840 kam zur alten feudalen Unterdrückung die Aggression des ausländischen Kapitalismus, und die Lage des chinesischen Volkes wurde schlimmer denn je. Die Widersprüche der chinesischen Gesellschaft spitzten sich zu, und die Krisen wurden größer". (1) Mit diesem Satz beginnt die Situationsanalyse. Aufgezeigt wird im Folgenden die gesellschaftliche Entwicklung in Südchina, insbesondere im Grenzgebiet der Provinzen Guangxi und Hunan. Die von den Briten erzwungene Einfuhr von Opium, das mit Silber bezahlt werden musste, führte zu dessen Verteuerung und damit zu einer Inflation der Kupferwährung. Die Handwerker verarmten und die Bauern verarmten.

Hinzu kam, dass die Briten Textilprodukte nach China einführten, wodurch die einheimische Textilproduktion zum Erliegen kam und sich auch indirekt die Besitzverhältnisse im Agrarsektor veränderten: Die vermögenden Grundbesitzer vermehrten ihren Besitz, die Kleinbauern verarmten. Die Qing-Beamten standen auf der Seite der Grundbesitzer. Sie hatten schon die ersten Aufstände niedergeschlagen. Insgesamt war die kaiserliche Verwaltung gar nicht in der Lage, die Armen zu schützen. Die Dorfer waren Räuberbanden ausgeliefert.

Infolge dieser Soziallage kam es zur verstärkten Aktivität von einer Art Schutz-und-Trutzgesellschaften wie der Trias-Gesellschaft. Geheimgesellschaften, die über ganz China verbreitet waren, verstärkten ihre Aktivitäten. Sie alle waren insgesamt mandschufeindlich und damit Träger des Widerstandes gegen die herrschende Dynastie. In diesem Kontext bildeten sich ganze Armeen. Und eine davon war nun auch die Armee der Gottes-Anbeter, der „Gesellschaft zur Verehrung Gottes", die sich seit

Anfang der 1850er Jahre formierte und sich unter Führung eines Hong Xiuquan zu einem politischen Faktor entwickelte (12).

II. Hong Xiuquan und die „Gesellschaft zur Verehrung Gottes", 13-26

Das Kapitel konzentriert sich auf die Anfänge von Hong Xiuquan bis 1850. Es berichtet von seiner Herkunft, von seinen vergeblichen Versuchen, bei den Beamtenprüfungen zu bestehen, von seiner Krankheit, die zu Phantasien geführt habe, von der Begegnung mit einem Missionar und der von ihm überreichten, aber vergessenen Schrift „Lautere Worte zur Bekehrung der Welt, zusammengestellt von Liang Fa", dem Hilfspastor des britischen Missionars Robert Morrison, dem ersten protestantischen Geistlichen, der nach China gekommen sei und die Bibel vollständig ins Chinesische übersetzt habe (zu Morrison gibt es einen sehr guten Wikipedia Artikel in Englisch) (14). Es wird sodann von der späten Entdeckung des vergessenen Geschenks von

Liang Fa berichtet, die zu einer Neuorientierung von Hong Xiuquan geführt habe, dann von den ersten Aktionen gegen Konfuzius-Bilder und damit von der Abgrenzung gegen den Konfuzianismus. In einer Anmerkung wird Konfuzius kurz dargestellt. Kernsatz: „Sein ganzes Leben widmete er der Rettung der Sklavenhalterordnung" (15). Hong Xiuquan wird in der Darstellung des Kapitels zum Vordenker im Kampf gegen das konfuzianische Herrschaftssystem. Das Schlüsselerlebnis der Visionsdeutung wird nicht übergangen, seine Initiationsbedeutung wird benannt, und zwar dergestalt, dass sich nun Hong endgültig zum Revolutionsführer berufen wusste. Die Reise in die Berge der Provinz Guangxi habe 1844 stattgefunden. Der Aufenthalt dort habe der Organisierung einer Kämpfertruppe, Kern der späteren Taiping-Armee, gedient.

Die Reise zu Missionar Roberts und ein zweimonatiges Bibelstudium werden erwähnt, auch der Bruch mit Roberts berichtet (21). Anschließend geht die Organisierung einer Armee in Guangxi weiter. Ausdruck der revolutionären Zielsetzung ist schon gleich zu Anfang die Zerstörung des Bildes einer Lokalgottheit. Nach und nach habe sich eine Führergruppe herausgebildet. Die spezielle Rolle von Yang Xiuqing wird beschrieben: er habe von sich behauptet, der himmlische Vater zu sein. Ein anderer Ekstatiker wollte der himmlische Bruder sein. Trotz dieser sich damit zu Hong Xiuquan ergebenden Konkurrenz sei Yang in der sich weiter anbahnenden revolutionären Situation ein wichtiger Armeeführer in der Bewegung der Gottesanbeter geworden (24f.). Nach diesen Schritten der Vorbereitung sei schließlich der Zeitpunkt für die Revolution erreicht gewesen.

Dass Einflüsse von Missionaren nicht ganz übersehen werden können, lässt das Kapitel erkennen. Sie werden aber marginalisiert. Die Verfasser formulieren ihre Ausführungen zum Verhältnis zu den kapitalistischen Ländern so: „Die Kaufleute brachten das Opium, die Missionare das geistige Opium, die christliche Religion" (14). Hong Xiuquan wird zwar durchgängig nicht dafür getadelt, dass er Kontakte zu Missionaren hatte, er wird aber in erster Linie als Revolutionär begriffen. Darin liege seine Bedeutung für die Entwicklungen in China seit Mitte des 19. Jahrhunderts, nicht zuletzt für die Entwicklungen, die zur Volksrepublik China geführt hätten.

Das Kapitel, wie im Übrigen das ganze Buch, gibt keinerlei Hinweise auf die Quellen, auch keine Hinweise auf wissenschaftliche Arbeiten zu Konfuzius und zum Konfuzianismus, auf die sich etwa die Anmerkung zu Konfuzius (15) stützt. Allein ein Mao Zedong Zitat wird belegt (14).

III. Vom Jintian-Aufstand zur Errichtung der himmlischen Hauptstadt, 27-41

Das Kapitel hat seine Schwerpunkte bei den militärischen Operationen, bei der ersten Formierung des Taiping-Herrschaftssystems und der Ausformung der inneren politischen Ordnung des Taiping-Reichs.

Die Gründung der Armee der Gottesanbeter findet im Sommer 1850 statt. Bereits in dieser Zeit werde ein „Heiliger Schatz" gebildet, d.h. die Kollektivierung des Besitzes der Kämpfer eingeführt, ebenso die kollektive Versorgung der Kämpfer und ihrer Familien festgelegt. Ungleichheiten sollen auf diese Weise abgebaut werden. Am 11. Januar 1851 werden der Aufstand und zugleich die Errichtung des Himmlischen Reiches des Friedens (Taiping Tianguo) durch Hong Xiuquan ausgerufen. Von einer neuen kaiserlichen Dynastie wird nicht gesprochen. Dafür geht der Abschnitt zum Thema der Ordnung der Armee über, einerseits eine moralische Ordnung, andererseits eine strukturelle Ordnung. Hier wird speziell die Einführung von Männer- und Frauenregimentern genannt, auch die getrennten Lager von beiden. In dieser Ordnung erringt die Armee ihren ersten großen Sieg über die Kaiserlichen (27-28).

Die Abgrenzung von der Trias-Gesellschaft wird im Folgenden angesprochen, ebenso wie das Bemühen des Qing-Hofes, den jetzt als gefährlich eingeordneten Aufstand auch von der Zentrale in Beijing her zu bekämpfen. Die Taiping-

Armeen behalten in diesen Kämpfen aber weiterhin die Oberhand. Als erste Stadt wird Yongan eingenommen. Dort kommt es zur weiteren Ausbildung der Führungsstruktur. Hong Xiuquan wird zum himmlischen König ausgerufen. „Prinzen" unter ihm werden eingesetzt. Die Führungsrolle unter ihnen erhält der Ostprinz (Yang Xiuqing) (30f.). Zuvor war schon von der Weiterentwicklung des „heiligen Schatzes" berichtet worden. Dieser ist jetzt auch verbunden mit der revolutionären Enteignung der örtlichen Grundherren. In ihre Lagerhäuser ziehen Menschen ein, die bisher keine Unterkunft hatten (30). Die Einführung eines neuen Kalenders wird referiert.

Da die Qing-Truppen Yongan zu belagern beginnen, sind die Taiping genötigt, den Ausbruch aus dem Belagerungsring zu wagen. Er gelingt. Damit beginnt auch der Zug der revolutionären Armee nach Norden. Ziel ist die südliche Hauptstadt Nanjing. Das Kapitel berichtet ausführlich über die militärischen Aktionen des Zuges, der auf seiner Richtung nach Nanjing bleibt. Schließlich wird nach wichtigen Zwischenstationen Nanjing im März 1853 erobert. Am 29. März zieht Hong Xiuquan, von 100 000 Menschen empfangen, in die Hauptstadt ein (38). Der Himmlische König ist in seiner Residenzstadt angekommen. Die Ermordung der Mandschu-Bevölkerung bleibt unerwähnt. Dies gilt auch für die Kriegsopfer beider Konfliktparteien auf dem Zug nach Nanjing. Erwähnt werden das Niederbrennen eines Konfuziustempels (35) und der Kampf gegen buddhistische Idole (34), auch programmisch verkündet in Manifesten an die örtlichen Bevölkerungen, die zur Unterstützung des revolutionären Kampfes gegen die Qing-Dynastie aufgerufen werden. Das mit dem Zug verbundene Wachstum der Armeen der Taiping wird mit einem Zitat von Karl Marx einsichtig gemacht (38).

Abschließend wird in diesem Kapitel die neue militärische Organisation der Taiping-Armee, gegliedert in Divisionen, Brigaden, Kompanien, Züge und Trupps, beschrieben. Die Kampfmoral sei hoch gewesen. Ergänzend zu den Kampftruppen seien Handwerkergruppen gebildet worden. Die nicht in Kampftruppen eingegliederten Frauen seien in Frauenlagern zusammengefasst gewesen, wo sie vor allem für den Nachschub verantwortlich gewesen seien. Selbst Kinderbrigaden seien gebildet worden. Und dann noch einmal: die Disziplin sei sehr gut gewesen. Immer wieder sei es auch um die Sorge für die örtliche Bevölkerung gegangen. Eine Folge sei das weitere Anwachsen der Taiping-Armee gewesen. Ein weiteres Resultat sei gewesen, dass die Zahl der Baueraufstände gegen die Qing-Dynastie zugenommen habe. Karl Marx habe dies ausdrücklich als positive Folge hervorgehoben, eine „einzige ungeheure Revolution" sei in China entstanden (MEW 9, 95-96). Was auffällt: Ein völliges Zurücktreten des religiösen Elements, ein Zurücktreten der Gründung einer neuen Dynastie, auch das Zurücktreten der brutalen Elemente der Kriegsführung.

IV. Die Maßnahmen nach Errichtung der Hauptstadt, 42-53

Bereits in den Anfängen der Bewegung war das System des „Heilligen Schatzes" eingeführt worden. Dieses System wurde in der Nankinger Zeit der neuen Situation angepasst und entsprechend ausgebaut. Es handelt sich, wie schon berichtet worden ist, um eine durchgängige Kollektivierung von Vermögen, in den Anfängen von den kleinen Besitztümern der Bergbauern und der Kriegsbeute, später von allen Wertgegenständen, die im Prozess der Eroberung von Nanjing angefallen waren. Geldvergütungen von Diensten im Gemeinwesen, Sold, gebe es nicht. Der Idee nachsollten alle für die Einzelnen notwendigen Bedürfnisse kollektiv befriedigt werden, bis hinauf zum Himmlischen König. Aber die unterschiedlichen Funktionen der einzelnen Berufe und Ämter, der Positionen in der Gesellschaft führten ohne Frage dennoch zu großen Unterschieden in der Zuteilung der kollektiven Güter.

Was den Wirtschaftssektor angeht, so wurden handwerkliche Produkte nach Bedarf zur Verfügung gestellt, die Versorgung der Handwerksbetriebe mit Grundmaterialien war ebenfalls Staatsaufgabe. Von daher sollte auch der Handel abgeschafft werden (42-44).

Eine Art Grundgesetz der Sozialreformen war das *himmlische Bodengesetz.* Seine Pfeiler (seit Winter 1853): Abschaffung des feudalen Grundbesitzes, alles Land öffentliches Eigentum, sodann Einrichtung eines Systems lokaler Beamter, ferner die gleichmäßige Verteilung der Erträge über das Land hinweg. Maßstab der Verteilung war die Kopfzahl der Familien, unabhängig vom Geschlecht. Nicht unkritisch vermerken die Verfasser des Kapitels, die Bodenverteilung auf der Grundlage absoluter Gleichheit „sei dem Wirtschaftssystem des Handwerks und der bäuerlichen Kleinproduktion entsprungen" (46). Dazu wird ein Zitat von Mao Zedong eingeführt: „Absolute Gleichmacherei sei ein Fehler" (47). Mao urteilte vor dem Hintergrund des damals aufziehenden chinesischen Kapitalismus, der im kom-

munistischen Staatskapitalismus zunächst endete.

Weitere Vorschriften des Himmlischen Boden-
gesetzes waren: die strenge Bestrafung der
Qing-Beamten, die Aufhebung der an Grundbesitzer zu zahlenden Pachtsteuer, die Reduzie-
rung der Pachten (40-41).

Ein wichtiger Aspekt, der im Folgenden berichtet
wird, ist das System der lokalen Beamten auf der
Grundlage der Militärstruktur. Die unterste Einheit ist der Zug. Der Beamte ist als Zugführer
zugleich Gemeindeleiter. Aus dem öffentlichen
Schatz werden die Kosten von Hochzeiten zur
Verfügung gestellt, Kranke und Alleinstehende
werden unterstützt, eine Gebetshalle für die religiöse Unterweisung wird eingerichtet, Rechts-
streitigkeiten werden bearbeitet, Bestrafungen
verhängt, Auszeichnungen ausgeteilt. „So wurde
der Plan einer in sich geschlossenen idealen Gesellschaft entworfen". Nicht alles sei realisiert
worden (50-51). Hier wird wie selbstverständlich
von Religion geredet, von der Gebetshalle, von

der religiösen Unterweisung. Nur erfährt man nichts darüber, um welche Religion es sich handelt. Um den Buddhismus sicher nicht, um den Kult lokaler Götter auch nicht, auch nicht um die Lehren des Konfuzianismus. Man kann nur ahnen, um welche Religion es geht.

V. Die Expeditionen nach Norden und Westen, 54-64

VI. Die Lager nördlich und südlich des Yangtses, 65-71

Die beiden Kapitel sind weitgehend auf die Darstellung der militärischen Operationen zwischen 1853 und 1855 beschränkt. Im ersten der beiden Kapitel geht es um den Versuch, Beijing zu erobern, die Qing-Dynastie also endgültig zu entmachten und zu vernichten. Die Truppen der Taiping rückten bedrohlich an die Hauptstadt heran, sodass der Kaiser aus seiner Residenz floh. Allerdings gelang es den Taiping-Truppen nicht, die nördliche Hauptstadt in ihren Besitz zu bringen. Auch die Westausdehnung des Taiping-Reiches gelang letztlich nur begrenzt; Siege und Niederlagen wechselten. Wichtigster Gegner war die Hunan-Armee (59-63), auch Xian-Armee genannt. Sie wurde zur Unterstützung der Qing von Zeng Gufan ins Leben gerufen. Er war ein außerordentlich konservativer Angehöriger der Grundherrnklasse und „verbissener Verfechter des Feudalsystems" (59). Zugleich war er konfuzianischer Gelehrter. Sein Kampf gegen die Taiping basierte auf einer unbedingten Bejahung der konfuzianischen Grundlagen des chinesischen Herrschaftssystems. In seiner Motivation kann deutlich werden, dass es im Kampf gegen die Taiping nicht zuletzt um die ideologischen Grundlagen des Staates ging, um eine Revolution auf der Grundlage einer grundlegend neuen politischen Ordnung. Das Kapitel deutet dies allerdings nur durch die Darstellung der Person von Zeng Guofan an.

Im VI. Kapitel wird deutlich, wie bedroht Nanjing unter den Taiping schon während der ersten

Jahre, zwischen 1853 und Ende 1855, war. Die Qing-Truppen hatten nördlich und südlich des Yangtses, in der unmittelbaren Nähe der Stadt, große Heerlager angelegt. Lebensmittellieferungen über den Fluss waren zeitweise kaum möglich. Im Ganzen waren aber hier die Taiping-Truppen erfolgreich. Es gelang ihnen, die Lager der Belagerer zu vernichten. Mit dem Ende dieser Bedrohung von außen traten gefährliche Differenzen unter den Taiping-Führern in der Stadt selbst zu Tage.

VII. Zwistigkeiten in der Himmlischen Hauptstadt, 72-79

Wenn der chinesische Übersetzer der Taiping-Schrift aus dem Verlag für Fremdsprachige Literatur von „Zwistigkeiten" spricht, verwendeter kaum den richtigen Begriff für die Auseinandersetzungen. Was das Kapitel in aller Kürze, aber relativ klar beschreibt, sind Machtkämpfe in der Führungselite der Taiping. Vier Personen spielen dabei die Hauptrollen: Hong Xiuquan, der Himmelskönig, Yang Xiuqing, der Ostkönig, Wei Changhui, der Nordkönig, und Shi Dakai, der Schildkönig. Die drei letzteren Könige gehörten von Anfang an zur Führungsspitze der Taiping. Das Drama beginnt im Sommer 1856. Yang erhebt gegenüber Hong Xiuquan Forderungen, die dessen höchste Machtposition in Frage stellen, und dies im Namen des „Himmlischen Vaters". Es ist in diesem Zusammenhang die erste Stelle, an der ein religiöser Hintergrund angedeutet wird (73). Für die Beseitigung von Yang nimmt Hong Xiuquan die Dienste des Nordkönigs, Wei Changhui, in Anspruch. Die Verfasser des Kapitels sprechen von ihm als demjenigen, der „Grundherr" gewesen sei und sich in die Taiping-Bewegung „eingeschlichen" habe (73). Wei rückt mit einem Heer von 3000 Mann in Nanjing ein und bringt Yang, seine Familie und seine Anhänger brutal um. Nun kehrt auch Shi Dakei mit seiner Truppe in die Hauptstadt zurück. Wei fürchtet, dass er die gewonnene Machtposition wieder verlieren könnte, Shi muss fliehen. In der Hauptstadt bildet sich ein Aufstand gegen Wei heraus, in dessen Verlauf er getötet wird. Hong Xiuquan setzt Yang dann ein Denkmal, um seiner Verdienste angemessen zu gedenken. Er sei zum Himmel aufgefahren. Dies ist die zweite Stelle, die auf einen religiösen Hintergrund verweist (76). Shi erhält einen hohen Posten, misstraut aber doch der Gunst und verlässt 1857 Nanjing. Mit seiner Armee durchstreift er das Land, sammelt in Quangxi Anhänger und baut ein Gegenreich auf. Gegen die Qing-Truppen kann er sich aber nicht behaupten. 1863 kapituliert er und liefert sich selbst aus, findet aber keine Gnade und wird hingerichtet (78-79).

Wie schon gesagt, das Kapitel vermittelt überraschend viele Einzelheiten über die Machtkämpfe seit 1856. Es deutet an, dass die Taiping nicht nur durch äußere Feinde gefährdet waren, sondern auch durch Rivalitäten innerhalb ihrer Führungsspitze, auch dass unterschiedliche religiöse Selbstverständnisse eine Rolle gespielt haben.

VIII. Eine Offensive innerhalb der Defensive und eine neue Politik, 80-93

Die Kapitelüberschrift beschreibt bereits gut, was im Folgenden ausführlicher dargestellt wird. In einem ersten Teil geht es um die militärischen Aktivitäten nach 1858 (80-85), sodann um die Reformversuche nach der Ankunft von Hong Rengan in Nanjing (85-93).

Nachgerückten jungen Generälen gelingen eine Reihe von unerwarteten, beachtlichen Siegen im Kampf gegen die Qing-Truppen. Gleichwohl kommt es zu keinem entscheidenden Durchbruch, der die Zukunft des Taiping-Reiches sichern würde. So wird es möglich, dass die Mandschu-Armeen ein Nordlager bei Nanjing wiedereinrichten. Allerdings müssen sie dieses bald auch wieder aufgeben. Die Taiping bleiben zunächst in ihrer Defensive unbesiegt. Damit gewinnt man Zeit, um Schritte zu einer grundlegenden Reform ihres Staatswesens einzuleiten. Verantwortlich dafür ist Hong Rengan, Hong Xiuquans Vetter, der von den Anfängen an mit

ihm zusammengearbeitet hat. Die Verfasser
werten folgendermaßen: „Seine Ankunft (April
1859) und die Reformvorschläge, die er Hong
Xiuquan machte, waren Meilensteine in der politischen Geschichte der späten Periode des
Himmlischen Reiches." (85 f.) Er sei aus Hongkong gekommen. Hong Rengan wird bald nach
seiner Ankunft als Prinz Gan (Kanwang) in die
Hierarchie eingeordnet und übernimmt die Präsidentschaft über die gesamte Exekutive (87).
Nicht unerwähnt bleibt, dass er 1852 in Hongkong „Schulungen der Londoner Missionsgesellschaft und der amerikanischen Baptistenkirche
besuchte" (86). In Hongkong sei er auch „mit der
Wissenschaft und Kultur des kapitalistischen
Westens in Berührung gekommen" (87). Mit solchen Erfahrungen im Hintergrund habe er sein
politisches Programm formuliert, und zwar in
seiner Schrift „Neue Richtlinien für die Regierung" (87). Ausgearbeitet wird damit ein Programm einer vom Westen lernenden Wirt-
schaftspolitik, einer Öffnung gegenüber der
technischen und wissenschaftlichen Entwick-

lung, einer kooperativen Zusammenarbeit mit Ausländern. Die Gründung von Sozialeinrichtungen ist in diesem Programm ebenfalls vorgesehen, ebenso auch der Kampf „gegen den feudalen Aberglauben". Tempel und Klöster sollen geschlossen werden, ebenso sollen abergläubische Bräuche bekämpft werden (90). Die Einmischung fremder Mächte in die inneren Angelegenheiten Chinas wird von ihm strikt abgelehnt.

Hong Xiuquan habe dieses Bemühen begrüßt, die Einrichtung von zentralen Nachrichtenbüros, die Hong Rengan auch vorgeschlagen hatte, und die Abschaffung der Todesstrafe habe er abgelehnt. Die neuen Richtlinien für die Regierung seien mit den Randnotizen von Hong Xiuquan veröffentlicht worden. Präziseres wird über das Verhältnis des Herrschers zu einem Ersten Minister nicht berichtet, wohl aber, dass dessen Programm angesichts der instabilen Situation des Taiping-Reiches noch nicht habe verwirklicht werden können. Schließlich monieren die Verfasser des Kapitels, das „Bodenproblem" sei nicht angesprochen worden. Abschließend wird noch einmal der Kampf gegen den feudalen Aberglauben herausgestellt. Hong Rengan habe darauf hinzuwirken versucht, dass die Menschen „das dumme, von Menschen gemachte tote Ding ‚Buddha'" weiterhin nicht mehr anbeten (92f.). „Mit seiner Begeisterung, das Alte zu zerstören und das Neue in der Kultur zu fördern, war er ein Herold der neuen Kulturbewegung im modernen China" (92).

IX. Die Belagerung der Himmlischen Hauptstadt wird noch einmal durchbrochen und ein Vorstoß nach Osten unternommen, 94-108

Das Kapitel ist dreigeteilt. Einmal werden im ersten Teil die militärischen Aktionen des Jahres 1860 beschrieben, die die Hoffnungen der Qing-Generäle auf eine baldige Eroberung von Nanjing vorerst zunichtemachten (95-98). Der dritte Teil ist dem beginnenden Kampf um Shanghai gewidmet (104-198). Ein Zwischenteil beschäftigt sich mit den politischen und militärischen Aktivitäten der Ausländer in Sachen Taiping.

Anfang 1860 gelang es den Taiping-Truppen, den wiedererrichteten Belagerungsring um Nanjing aufzusprengen und die Kaiserlichen im Umfeld von Nanjing zu besiegen. Im Mai 1860 wurden dann Truppen ostwärts in Gang gesetzt. Wichtige Eroberungen wurden möglich. Suzhou wurde eingenommen. Dann wandten sich die Taiping Richtung Shanghai. Damit begann die Einmischung der Ausländer in den Krieg zu Ungunsten der Taiping (98). Das Kapitel schreibt hierbei der britischen Zeitung North China Herald eine auslösende Rolle zu (98f.).

Der Exkurs beschäftigt sich, wie gesagt, mit der Politik der Engländer und Franzosen sowie auch der Amerikaner seit 1853. Er konstatiert eine zunächst vorsichtig abwartende Rolle, um im Falle eines Taiping-Sieges nicht ganz auf der falschen Seite zu stehen. Die Unfähigkeit der Qing-Truppen, die Revolution endgültig zu beenden, und damit auch die Gefährdung von Shanghai, scheint den Ausschlag dafür gegeben zu haben, dass die ausländische Neutralität aufgegeben wurde.

Am Ende des zweiten Opiumkriegs warengünstige Konditionen für Aktivitäten der Ausländer im Qing-Reich erzwungen worden (103). Auch von daher schien sich der Kampf gegen die Taiping zu lohnen. Im Mai 1860 gaben der englische und der französische Gesandte eine gemeinsame Erklärung ab, die ihre Regierungen zur Intervention gegen die Taiping aufforderte (104). Kurz danach stellte der amerikanische Offizier Ward das „Regiment mit ausländischen Gewehren" zusammen. 200 Ausländer und ein paar hundert Chinesen wurden bewaffnet. Die Stadt Songjiang, heute Stadtteil von Shanghai, wurde von dem Regiment zurückerobert. Bei weiteren Angriffen war das Regiment nicht so erfolgreich und wurde nahezu aufgerieben(105f.).

Angesichts solcher Erfolge schien für die Taiping der Angriff auf Schanghai möglich. Der Führer der Taiping-Truppen war Li Xiucheng. Er setzte sich mit zwei Briefen an den britischen, französischen und amerikanischen Gesandten für eine auch für die Taiping günstige Lösung auf dem Verhandlungsweg ein. Eine Antwort erhielt er nicht. Die Taiping-Truppen hofften trotzdem, kampflos nach Shanghai einrücken zu können, nachdem noch einmal zugesichert worden war, dass Ausländer geschont würden. Sie erhielten wiederum keine Antwort. Am Stadttor richteten ausländische Soldaten ihre Gewehre gegen sie und überschütteten sie, so das Kapitel, mit einem Kugelregen. Schwere Verluste waren die Folge. Die Taiping hätten sich trotzdem, entsprechend dem Befehl von Li, kampflos zurückgezogen. Und dann formulieren die Verfasser: „Noch immer meinte Li Xiucheng, sich mit den ‚fremden Brüdern' verständigen zu können" (108). Infolge ausländischer Einmischung sei die Aktion Shanghai letztendlich gescheitert. Das Jahr 1860 markiere trotzdem einen Höhepunkt des Himmlischen Reiches in seiner letzten Periode.

Wer nicht aus anderen Quellen weiß, dass Li Xiucheng mit den „fremden Brüdern" die Ausländer als Mitchristen meinte, kann dies aus dem Text des Kapitels nicht entnehmen.

X. Vor und nach der Schlacht zur Verteidigung von Anqing, 109-123

Das Kapitel beschreibt die militärischen Aktionen der Taiping- und Qing-Truppen vor allem in den Jahren 1860 und 61. Folgt man der Darstellung, ist davon ausgehen, dass bei den Taiping keineswegs eine einheitliche Strategie vorhanden war. Die einzelnen Militärführer hätten zum Teil unterschiedliche strategische Ziele verfolgt. Hong Rengan, letztlich Oberbefehlshaber, habe sich nicht durchsetzen können und sei als solcher von Hong Xiuquan abgesetzt worden. Fast wie ein roter Faden zieht sich durch das Kapitel eine negative Beurteilung der Maßnahmen von Li Xiucheng. Er habe den Angriff auf Wuhan verweigert und so die Verteidigung des für Nanjing wichtigen Anqing am Jangtse erschwert, was mit zu dessen Fall beigetragen habe. Dafür habe er seine militärischen Aktivitäten insbesondere auf das südlich von Shanghai gelegene Zhejiang konzentriert. Im Interesse eigener Machtvermehrung habe er seine Armee auf 700 000 Mann vergrößert, und zwar durch Überläufer

aus Qing-Truppen und „Banditen und Schurken"
(123). So habe er denn auch militärische Erfolge
erzielen können, etwa durch die Einnahme von
Ningbo am 9. Dezember 1861 und anschließend
noch im Dezember durch die Eroberung der
Provinzhauptstadt Hangzhou (122-123).

Betrachtet man andere Quellen, so ist es erstaunlich, dass Li Xiucheng so negativ dargestellt
wird. Die Gründe müssen hier offenbleiben. Es
muss zugestanden werden, dass die problemati-
sche Zusammensetzung seiner Heerhaufen eine
Ursache dafür gewesen sein mag, dass die Be-
setzung von Ningbo von britischen Beobachtern
als höchst brutal wahrgenommen wurde. Auf
Grund dieser Berichte schrieb Karl Marx die
Taiping als revolutionäre Bewegung endgültig
ab. Dass eine Stellungnahme von Karl Marx zu
Ningbo vorliegt, wird nicht erwähnt, vermutlich
deshalb, weil sie nicht bekannt war.

XI. In breiter Front gegen die ausländischen Invasoren, 124-136

Das Kapitel berichtet so gut wie ausschließlich über die militärischen Auseinandersetzungen des Jahres 1862, die auf Seiten der Gegner der Taiping vor allem von den Ausländern, den Briten und Franzosen, und dem Regiment unter Ward getragen waren. In der Qing-Armee kam es zu einer Neuorganisation der Führungsspitze unter Zeng Guofan. In dieser Zeit war die Taiping-Armee schon weitgehend in die Defensive gedrängt, zumal der Schutz der Hauptstadt und der Versuch der Eroberung von Shanghai sie in einen Zwei-Fronten-Krieg verwickelte, was dazu führte, dass trotz einzelner Erfolge im Umkreis von Shanghai die Taiping ins Hintertreffen gerieten. Die Schlacht um Shanghai ging verloren, Ningbo wurde schon wenige Monate nach der Eroberung durch die Taiping zurückerobert. Ward wurde im September 1892 schwer verwundet und starb. Auf ihn folgte als Führer der „immer siegreichen Armee" nach personellen Zwischenlösungen „ein weiterer britischer Aggressor", Charles George Gordon. Allen ausländischen Interventionen zum Trotz „ließen sich die unbeugsamen Helden des Himmlischen Reiches von der Brutalität der Invasoren nicht einschüchtern und kämpften bis zum bitteren Ende" (136).

XII. Die Lage für die Revolution wird kritisch, 137-144

Auch dieses Kapitel ist so gut wie ausschließlich mit militärischen Operationen beschäftigt, jetzt in den Jahren 1862 bis 1964. Zeng Guofan wird Oberkommandierender der Qing-Truppen (137). Die „immer triumphierende Armee" unter Gordon leistet entscheidende Hilfe. So kommt es zur Zurückeroberung von Suzhou (Dezember 1863) und Hangzhou (März 1864).

20.000 Taiping-Soldaten seien dabei niedergemetzelt worden. Li Xiucheng wird in diesem Zusammenhang wieder eine unrühmliche Rolle zugesprochen (141). Die Generäle der Gegenseite seien „für das Abschlachten tausender Revolutionäre" reich belohnt worden. Auch Gordon: Er sei zum kaiserlichen General ernannt worden.

Für die Verfasser des Kapitels sind die Jahre 1862 und 1863 bereits ein Zeitraum, in dem sich das Ende der Revolution klar abzeichnet. Dass es dazu gekommen sei, sei nicht zuletzt dem Bündnis der Ausländer mit der Qing-Regierung zu verdanken gewesen. Die „häßliche Kollaboration zwischen heimischen Reaktionären und ausländischen Aggressoren" habe „die Unterdrückung der chinesischen Revolution" möglich gemacht (144).

XIII. Der Fall der Himmlischen Hauptstadt, 145-155

Im Dezember 1863 sei Li Xiucheng nach Nanjing zurückgekehrt, um die Verteidigung der Taiping-Hauptstadt zu leiten. Auf der Seite der Qing-Truppen hatte Zeng Guofan das Kommando. Die Belagerung dauerte bis zur Erstürmung der Stadt am 19. Juli 1864, für den kaiserlichen Hof in Beijing viel zu lange. Der Kampf sei von beiden Seiten mit unerbittlicher Härte geführt worden. Die Revolutionäre hätten nicht kapituliert, sondern seien nur im Kampf zu bezwingen gewesen. Eines der Hauptprobleme der Taiping-Bevölkerung sei die Versorgung mit Lebensmitteln gewesen. Der Belagerungsring sei so massiv gewesen, dass ein Durchkommen der Versorgungsschiffe unmöglich gewesen sei. Hong Rengan habe die Stadt verlassen, um Lebensmittel im Umland zu requirieren, jedoch ohne Erfolg. In die Stadt sei er nicht mehr zurückgekommen. Li Xiucheng habe den Vorschlag gemacht, der Bevölkerung zu erlauben, die Stadt zu verlassen, vermutlich auf der Basis eines Übereinkommens mit der Qing-Armee. Der Vorschlag sei von Hong Xiuquan abgelehnt worden. Li Xiucheng habe sich dem widersetzt (147).

Und dann wird im Kapitel vom Tod Hong Xiuquans berichtet. Seine Gesundheit sei untergraben gewesen. Gestorben sei er am 1. Juni

1864(148). Diese Angaben weichen von den Berichten anderer Quellen ab.

Der folgende Abschnitt würdigt den Verstorbenen als revolutionären Bauernführer. Ein Mao-Zitat ist eingefügt. Die Würdigung schließt mit dem Satz: „Er vertrat die Forderungen und Hoffnungen des Volkes zu seiner Zeit und spiegelte die fortschrittliche Tendenz in der Geschichte wider." (149)

Durch eine aufgesprengte Bresche in der Mauer gelang die Erstürmung der Stadt. Die Plünderungen begannen, die Stadt wurde niedergebrannt, auch der Palast des Himmlischen Königs (133).

Abschließend kommt das Kapitel noch einmal auf Li Xiucheng zu sprechen. Er sei in der letzten Minute mit dem Sohn von Hong Xiuquan, dem jungen himmlischen König, geflohen. Sie seien aber bald voneinander getrennt worden. Li Xiucheng habe mit Gold und Juwelen beladen die Stadt verlassen. Er sei verraten worden. Er habe angesichts dieser Situation Reue gezeigt und um sein Leben gebettelt. Zeng Guofan, der

Oberkommandierende, habe ihn in Nanjing verhört. Es sei ihm erlaubt worden, ein Geständnis niederzuschreiben: „In diesem Geständnis lobte der Verräter Li Hsiu-tscheng (Li Xiucheng) schamlos Zeng Guofan, diesen Todfeind des Himmlischen Reiches, beschimpfte die Taiping-Revolution aufs übelste und verfluchte sich selbst, weil er so dumm gewesen war, sich ihr anzuschließen." (153) Nachdem er sein Geständnis niedergeschrieben hatte, wurde er noch am gleichen Tage hingerichtet. (Die Interpretation des Vorgangs weicht unerheblich von anderen Berichten ab.)

Der Schluss berichtet darüber, dass nach dem Fall von Nanjing viele Gebiete, die zum Taiping-Reich gehört hatten, zur alten feudalen Ordnung zurückgekehrt seien. Die Boden-Verteilung an die Bauern sei zurückgefahren worden. Die Angehörigen der Grundherrenklasse seien zurückgekommen und hätten blutige Rache genommen (154).

XIV. Der Kampf geht weiter, 156-163

Zwischen 1864 und 1868 hatten die Qing-Truppen mit einzelnen Restarmeen der Taiping zu kämpfen, und zwar südlich wie nördlich des Yangtses.

Der junge Himmelskönig war in der Provinz Anhui mit Hong Rengan zusammengetroffen. Sie versuchten Kontakt zu Reststreitkräften aufzunehmen und blieben vor allem in der Provinz Guangxi und benachbarten Provinzen. In Nanchang, der Hauptstadt der Provinz Jiangxi, wurden sie festgenommen und anschließend dort hingerichtet. Hong Rengan sei bis zu seinem Ende der Sache der Taiping treu geblieben (157). Im Februar 1866 waren die Taiping-Truppen südlich des Yangtses endgültig besiegt.

Nördlich des Yangtses konnten sich Reste von Taiping-Armeen, unterstützt von Niän-Truppen, noch etwas länger halten. (Die Niän-Fe, d.h. die Raubbrenner, waren Rebellen ähnlich den Taiping. Sie unterstützten diese auch, ohne sich aber über die Taiping-Lehre mit ihnen zu identifizieren: Wilhelm Schüler 1912, Abriss der neueren Geschichte Chinas unter besonderer Berücksichtigung der Provinz Schantung: gekrönte Preisschrift, Berlin, Curtius, 201). Im August 1868 wurden in Shandong auch die letzten Niän-Truppen vernichtet (162). Noch Jahre nach der Einnahme von Nanjing kämpften also die Taiping mit ihren Unterstützern für die Revolution. So meint das Kapitel zum Schluss: „Sie werden mit Recht zu den besten Söhnen und Töchtern der chinesischen Nation gezählt." (163)

XV. Die Helden des Himmlischen Reiches sind unvergesslich, 64-174

Die Abschlusswürdigung endet mit dem Satz: „Die Märtyrer des Himmlischen Reiches werden niemals vergessen werden." (174) Im Rahmen der Würdigung wird Mao Zedong auch mit einem schon bekannten Argument zitiert, nämlich, dass Revolutionen scheitern, wenn sie nicht von der Arbeiterklasse geführt werden (169). Gleichwohl hat die Taiping-Revolution auch für

Mao und damit für die kommunistische Partei größte Bedeutung. Im Vergleich mit anderen Bauernaufständen habe der Taiping-Aufstand allein schon deshalb eine neue Bedeutung, weil er in der Zeit nach dem ersten Opiumkrieg begonnen habe, in der sich unter dem Einfluss des Auslandes und der kapitalistischen Wirtschaft in China ebenfalls eine kapitalistische Warenwirtschaft zu bilden begonnen habe, in der sich die Klassenstruktur des Landes verändert habe (166). Deshalb sei es Hong Xiuquan auch nicht um die Restauration der Ming-Dynastie gegangen, sondern um etwas grundsätzlich Neues. „Hong Xiuquan war der früheste der fortschrittlichen Chinesen, die um der Wahrheit willen nach Westen schauten" (166f.). In diesem Zusammenhang wird die Idee der Gleichheit aller Menschen und die Gleichberechtigung der Geschlechtergenannt. Ausdrücklich hingewiesen wird auf das Himmlische Bodengesetz und die neuen Richtlinien für die Regierung, Grundlage für den Aufbau einer modernen chinesischen kapitalistischen Gesellschaft. „Dies alles zeigt, dass die ‚neue Dynastie', die Hong Xiuquan errichten wollte, keinesfalls den Wechsel der alten Dynastien wiederholt hätte, sondern das Feudalsystem umgewandelt und einen neuen Weg gewiesen hätte." (167)

Wichtig ist den Beurteilern auch das Verhältnis zu Konfuzius, dem Konfuzianismus und zu der vom Konfuzianismus geprägten beherrschenden Rolle des Kaisers. Die Taiping „hätten Konfuzius entthront und seine Bücher verurteilt". Damit seien sie sogar zum Herd der Kulturbewegung von 1919 geworden. Und dann fahren die Verfasser des Kapitels so fort: „Es ist richtig, dass die Taiping-Revolutionäre sich die religiösen Lehren der ‚Gesellschaft zur Verehrung Gottes' zunutze machten, um die Ketten des Feudalismus zu brechen. Das taten sie, weil damals keine geeignete Waffe der Kritik für sie greifbar war. Indem sie das aber taten, verwandelten sie die versklavenden christlichen Lehren in eine Philosophie der Rebellion, mit der sie den hartnäckig verteidigten reaktionären feudalen Überbau schwer anschlugen." (170f.) Auf diesem Wege sollte eine ideale Gesellschaft entstehen, in der alle Menschen gleich sein würden, damals noch ein schönes Wunschbild, als solches aber eine Kampfansage gegen die Feudalgesellschaft (171).

Gleichwohl seien trotz der Niederlage der Taiping Spuren ihres Gesellschaftsverständnisses sichtbar geblieben: im unteren Yangtse-Gebiet hätten in den folgenden Jahren eine große Anzahl von Bauern eigenes Land besessen (171). Schließlich kommt denn auch Lenin abschließend zu Wort: „Marx vermochte auch zu erkennen, daß es Augenblicke in der Geschichte gibt, wo ein verzweifelter Kampf der Massen sogar für eine aussichtlose Sache notwendig ist um der weiteren Erziehung dieser Massen und ihrer Vorbereitung zum nächsten Kampf willen." (173)

Als die chinesische Fassung des Buches „Die Taiping-Revolution" geschrieben wurde, war die Kulturrevolution noch nicht zu Ende. Es ist nicht unwahrscheinlich, dass die Verfasser sich selbst als Erben der Taiping verstanden haben, ganz im Sinne der zitierten Marx und Lenin.

Zusammenstellung der wichtigsten Eigenheiten

Wahrgenommener Protestantismus

Was den Taiping an europäischer Religion begegnet war, war das protestantische Christentum. „Christentum" ist der Begriff, der allein schon für das *protestantische* Christentum steht. Bis heute wird nicht selten der Begriff „christlich" nicht als Oberbegriff für eine Religionsfamilie verwendet, sondern speziell eben für den Protestantismus, von dem die katholische Tradition scharf abgegrenzt wird.

Das protestantische Christentum begegnet den Chinesen des frühen 19.Jahrhunderts in der Gestalt von Missionaren: einem deutschen Missionar wie Karl Gützlaff, einem schwedischen Missionar wie Theodor Hamberg, im Dienste der Basler stehend, den Missionaren der Londoner Missionsgesellschaft wie Robert Morrison und nicht zuletzt dem Missionar Issachar Roberts mit dem Hintergrund des Südlichen Baptismus in den Vereinigten Staaten. Die katholische Kirche hatte zwar schon eine längere Geschichte in China, tritt im Zusammenhang mit den Taiping aber nur in einer abgelehnten Gestalt christlichen Glaubens auf.

In der geschilderten Berufungsphase von Hong Xiuquan ist die Rede von Missionar Morrison und einem seiner Gehilfen, dem ersten ordinierten chinesischen Pastor, und dessen Schrift, deren Lektüre für Hong Xiuquan lebensentscheidend wird. Eine zweite geschilderte Begegnung ist die mit Missionar Roberts in Hongkong, von dem Hong Xiuquan Genaueres zur protestantischen Theologie und Praxis erfährt. Die Zusammenarbeit mit ihm kommt nicht zustande. Dass Roberts später auf Anregung von Hong Rengan eine Zeitlang in Nanjing gearbeitet hat und sogar in Würden gekommen ist, bleibt erstaunlicherweise unerwähnt, ebenso, dass Hong Rengan mit Missionaren in Shanghai in Verbindung stand und bei ihnen auch gearbeitet hat.

Bereits in der Frühphase von Hong Xiuquan, als er sich selbst als den Zweiten Sohn Gottes erkannte, waren die späteren Differenzen mit den Hongkonger Missionaren über eine theologische Lehrfrage, nämlich die Trinitätslehre, grundgelegt. Dass diese in der Darstellung aus dem Fremdsprachigen Verlag keine Rolle spielte, ist nicht ganz überraschend, handelt es sich doch um ein auch theologisch nicht ohne weiteres nachzuvollziehendes Dogma, das allerdings in der Nanking-Zeit der Taiping eine nicht unbedeutende Rolle spielte, vor allem in der Auseinandersetzung mit Yang Xiuqing, dem „pentekostalen" Visionär. In der Schilderung seiner kritischen Auseinandersetzung mit Hong Xiuquan wird das Problem zwar angedeutet, aber nicht näher präzisiert.

Was in Missionskreisen großen Eindruck machte, war der Bibeldruck in Nanjing unter den Taiping. Unzählige Drucker sollen beschäftigt gewesen sein. In „Die Taiping-Revolution" bleibt dies unerwähnt, ebenso, dass es hinsichtlich der künftigen Beamtenexamina den Plan gegeben hat, die konfuzianischen Schriften als Grundlage des Studiums durch die Bibel zu ersetzen. Dass die Bibel, in welcher Übersetzung und Auswahl auch immer, eine große Rolle spielte, und zwar nicht zuletzt auch das Alte Testament, ist schon für die Zeit der Gottesanbeter bekannt. Ohne den alttestamentlichen Monotheismus wären die ikonoklastischen Handlungen der Gottesanbeter und der Taiping-Truppen schwer zu erklären.

Kontinuität und Diskontinuität der Dynastien

Ohne Zweifel ist die Ausrufung des Taiping-Reiches mit einem Dynastiewechsel, mit der Begründung einer neuen Kaiser-Dynastie verbunden. Ohne Zweifel war damit auch keine Rückkehr zur Ming-Dynastie gemeint. Der neue Kaiser, der Tianwang, Hong Xiuquan, war Kaiser in einem neuen, revolutionären Referenzrahmen, nämlich dem protestantischen Christentum in seiner Taiping-Variante. Der neue Kaiser war nicht Gott, er war Kaiser unter dem alleinigen

Himmelsgott, aber er war Himmelssohn, wie die Kaiser zuvor, jedoch zweiter Himmelssohn, in der Rangfolge hinter dem Gottessohn Jesus. Als solcher hat er aber die traditionellen Formen des chinesischen Kaisertums bewahrt, er war „Priester" und König in einem. Diese theokratische Stellung hat Hong Xiuquan klar beansprucht und in den äußeren Formen zum Ausdruck gebracht: In Nanjing wurde wieder ein Kaiserplast gebaut. Der neue Kaiser gewandete sich wie ein Kaiser, er entfaltete Pracht und Macht. Übrigens gilt dies auch für die Kommunikationsformen, die der Kaiser mit seinen Beamten und seinen Vizekönigen pflegte: Der Kaiser kommunizierte über Erlasse, keineswegs direkt im mündlichen Gespräch. Und zur kaiserlichen Würde gehörte auch, dass in seinem Haushalt Konkubinen zu finden waren, eher weniger, um seine sexuellen Bedürfnisse ausleben zu können, sondern weil sie kaiserliches Statussymbol waren. Er erwartete auch von seinen Vizekönigen, dass sie Konkubinen in ihren Haushalten hatten. Selbst Hong Rengan musste sich dieser Ordnung fügen. Sein früherer Lehrer, der Sinologe und Missionar Dr. Legge, hat ihn deswegen, wie berichtet ist, scharf getadelt. Die Mehrehenhaushalte der Führerelite in Nanjing erregten auch bei anderen Missionaren großes Ärgernis. All dies wird in „Die Taiping-Revolution" einfach übergangen. Möglicherweise ist der Grund dafür der, dass die neue Dynastie die Repräsentationsformen der alten Dynastien übernahm und eben dadurch Kontinuität in aller Diskontinuität zum Ausdruck brachte. Der erste Kaiser der Taiping-Dynastie wollte Kaiser von China sein, in der Tradition, wie sie seit Menschengedenken gegolten hatte.

Marx und Ningbo

Wie die Analysen der Passagen aus den Werken von Marx und Engels gezeigt haben, war einer der Gründe für die ablehnende Position von Karl Marx dem Taiping-Aufstand gegenüber die Art und Weise der Eroberung von Ningbo. Gleich wichtig war für Marx, dass die Traditionen des chinesischen Kaisertums beibehalten wurden. Für ihn war die Revolution der Taiping keine wirkliche Revolution. Die Aufständischen seien nur an einem Dynastiewechsel interessiert gewesen. Auch davon ist in „Die Taiping-Revolution" keine Rede.

Veröffentlichung 2

Der Taiping-Bauernkrieg, Chinesische Geschichte, Kapitel 9: Ausländische Aggressionen und die altdemokratische Revolution (1840-1919), 9.2: Die Taiping-Revolution (http://german.cri.cn/other/chinageschichte/9 2.htm(28.03.2018)

Die zweite hier analysierte Arbeit ist eine deutschsprachige chinesische Internetveröffentlichung. Der Artikel über die Taiping ist sehr kurz, vermittelt aber einen Eindruck vom gegenwärtigen Stand der offiziellen Taiping-Rezeption in der Volksrepublik China. Veröffentlicht wurde er von CRI, China Radio International.

CRI ist eine Staatseinrichtung der Volksrepublik China. Produziert werden Radiosendungen, Filme und Internetangebote für das Ausland, kurzum, Selbstdarstellungen Chinas für das Ausland.

Deshalb produziert CRI auch in Englisch und anderen Sprachen, so etwa in Deutsch. (zum Überblick: https://en.wikipedia.org/wiki/China_Radio_International (25.03.2018))

Der hier dargestellte Abschnitt über die Taiping gehört zu einer kurzen Gesamtdarstellung der Geschichte Chinas von der Urgesellschaft bis in die Neuzeit. Weitaus der größte Teil beschäftigt sich mit den unterschiedlichen Perioden des Feudalismus nach dem Schema der in der Volksrepublik üblichen Periodisierung.

Die Überschrift lautet „Der Taiping-Bauernkrieg". Er sei die größte Bauernerhebung in der chinesischen Geschichte, eine Erhebung, die eine politische Staatsmacht hervorgebracht habe, „das Himmlische Reich des Großen Friedens", das der Feudalherrschaft der Qing-Dynastie und den ausländischen Aggressoren schwere Schläge beigebracht habe.

Die Darstellung erfolgt in drei Schritten: Der Jintian-Aufstand, die Expeditionen der Taiping

Armee und die Niederlage der Taiping-Revolution.

Die einzige Stelle mit einem Hinweis auf die Bedeutung des Protestantismus für die Revolution findet sich gleich am Anfang. Hong Xiuquan habe sich nach seinem Scheitern bei den Beamtenexamina immer mehr über das Elend des Volkes erregt. So sei der Gedanke eines Aufstandes entstanden. „Er erhob einige christliche Ideen zu einer neuen Lehre" und habe die geheime „Gesellschaft zur Verehrung Gottes" gegründet. Sein Schulkamerad Feng Yunshan und sein Vetter Hong Rengan seien unter den ersten Mitgliedern gewesen. Im Januar 1851 habe er in Jintian den Aufstand ausgerufen, habe seine eigene Armee gegründet, „sein Regime" das Taiping Tianguo genannt und sich selbst Himmelskönig. Das Anwachsen seiner Truppen und ihr Erfolg seien möglich gewesen, weil zahlreiche Widerstandsbewegungen des Volkes miteinander durch seine Führung zu einem großen Strom verschmolzen seien.

Nach der ersten Phase in Yongan, d.h. nach der Eroberung der Stadt, ihrer Einkreisung und dem Ausbruch habe der Zug gen Norden begonnen. Viele Eroberungen seien geglückt und Nanjing erobert und fortan Tianjing (himmlische Haupt-stadt) genannt worden.

Drei Schwerpunkte der neuen Politik werden angegeben: die Bodenverteilung durch das Bo-dengesetz, die „Politik der Gleichheit von Mann und Frau", in der Außenpolitik die Ablehnung der Ungleichen Verträge und die Einführung des Opiumverbots.

Im zweiten Teil geht es um die militärischen Operationen: die Sicherung der Hauptstadt, den erfolglosen Nordfeldzug und die westliche Expe-dition mit Niederlagen, aber auch um den Sieg über die Hunan-Armee und einen weiteren Sieg im Rahmen der Sicherung der Hauptstadt. Damit sei im Jahr 1856 das Reich des Himmlischen Friedens auf dem Höhepunkt seiner Militär-macht gestanden.

Der dritte Teil stellt den Weg in die endgültige Niederlage dar. Er beginnt mit den inneren Machtkämpfen, der Tötung von Yang Xiuqing und 20 000 seiner Anhänger durch Wei Changhui und seiner Truppe, der Hinrichtung von Wei und der Absatzbewegung von Shi Dakai. Er habe mit einer Elitetruppe die Hauptstadt verlassen.

Die Qing-Truppen hätten die Wirren genutzt und seien zum Gegenangriff übergegangen. Die Lager um Nanjing seien wiederaufgebaut worden.

Noch einmal sei eine Stabilisierung gelungen, durch Siege der jungen Generäle Chen Yucheng und Li Xiucheng und durch die Ernennung von Hong Rengan zum Premier. Ab 1861 hätten sich die Niederlagen gehäuft. Die Schlacht um Shanghai wird nicht erwähnt, wohl aber das Eingreifen ausländischer kollaborierender Kräfte. Der Amerikaner Ward habe ein Regiment gegründet, das „Regiment der ausländischen Gewehre". Großbritannien und Frankreich hätten bewaffnete Verbände organisiert. Den gemeinsamen Angriffen von in- und ausländischen Streitkräften sei die Taiping-Armee nicht mehr gewachsen gewesen. Am 1.Juni 1864 sei Honig Xiuquan „an einer Krankheit" gestorben. Am 19.Juli sei die Stadt erobert gewesen. Li Xiucheng sei gefangen genommen und getötet worden. Die übriggebliebenen Truppen hätten die Kämpfe bis 1868 fortgesetzt. Als Fazit wird formuliert: „Die Taiping-Revolution endete mit einer Niederlage, sie hatte jedoch die feudale Herrschaft der Qing-Dynastie in ihren Grundfesten erschüttert."

Besonderheiten der Darstellung

Auffällig gegenüber der Veröffentlichung von 1977 ist, dass das negative Urteil über Li Xiucheng nicht wiederholt wird. Keine Rede ist auch von der kaiserlichen Prunkentfaltung von Hong Xiuquan. Die zukunftsweisende Rolle von Hong Rengan bleibt unerwähnt. Alles in allem wird die Taiping-Revolution eher als bahnbrechender Bauernaufstand denn als wirkliche Revolution gesehen, wie es sich im Eingang der Darstellung schon angedeutet hat. Dass auch protestantische Missionare mit der Revolutionsbewegung zu tun hatten, spielt keine Rolle. Dass gegen den Konfuzianismus, den Buddhismus, den Katholizismus und die chinesische Volksreligion gerichtete ikonoklastische Aktionen zum Programm der Taiping gehörten, wird nicht in einer einzigen Bemerkung erwähnt. Kurzum: Die Taiping-Bewegung wird religiös entkernt dargestellt.

Rückblick auf beide Texte

Zusammenfassend lässt sich im Blick auf beide Texte sagen: In der politisch legitimierten Darstellung der chinesischen Geschichte ist das Taiping-Reich ein wichtiger Schritt in Richtung modernes China. Nicht ganz eindeutig ist im zweiten Text die Einordnung als „Revolution". Hier scheint sich in der neueren Geschichtsschreibung eher eine Annäherung an den Standpunkt von Karl Marx entwickelt zu haben. Aber selbst dann, wenn die Taiping-Bewegung nicht in vollem Sinne als „Revolution" gewertet wird, werden dem „Bauernaufstand" revolutionäre Potentiale nicht abgesprochen. Die Wertung weicht also doch von der durch Karl Marx zumindest graduell ab. Mit dem Taiping-Aufstand hat das moderne China seine erste Vorstufe erreicht.

Was den zweiten Text über den ersten hinaus charakterisiert, ist, wie schon angedeutet, ein höchst konsequentes Übergehen der religiösen Wurzeln und der religiösen Praxisformen der Taiping mit der Konsequenz, dass auch die feindlichen Einstellungen zur Konfuzius-Verehrung, zum Buddhismus und anderen religiösen Äußerungen für die Darstellung irrelevant werden. Dies mag damit zusammenhängen, dass der erste Text in die Zeit der Kulturrevolution fällt, während der nicht nur das Christentum, sondern auch der Konfuzianismus, der Buddhismus, der Daoismus und der Islam massiv bekämpft wurden. Viele Kirchen und Tempel wurden damals zerstört. Nach der Kulturrevolution wurden nicht wenige dieser Bauwerke mit Staatsmitteln wiederaufgebaut und für religiöse Zwecke geöffnet, manchmal unter dem offiziellen Etikett der Tourismusförderung. Auch wenn die Ablehnung von Religion unter Staatspräsident und Generalsekretär Xi Jinping wieder verstärkt Parteilinie geworden ist, ist an radikale Formen, wie in der Phase der Kulturrevolution praktiziert, nicht zu denken.

Vergleicht man schließlich die Texte, die im Traditionszusammenhang der Kommunistischen Partei Chinas entstanden sind, mit den nun im Folgenden dargestellten aus dem Traditionszusammenhang der Basler Mission, wird sich zeigen, in welchem Ausmaß die jeweils eigenen Denk- und Erfahrungskonzepte für die Wahrnehmung der Taiping eine Rolle spielen. Generell gilt: Je stärker ein zu beschreibendes historisches Ereignis provoziert, desto mehr gehen die Wahrnehmungsweisen auseinander. Davon scheinen nicht einmal die sinologischen Unter-

suchungen völlig ausgenommen werden zu können. Interesse und Erkenntnis beeinflussen sich
eben gegenseitig.

Die Wahrnehmung der Taiping-Revolution in der Zeitschrift der Basler Mission und in den missionswissenschaftlichen Arbeiten des Basler Missionars Wilhelm Oehler (Rezeptionsanalyse 3)

Die einschlägigen Materialien finden sich in der von der Basler Mission herausgegebenen deutschsprachigen Zeitschrift „Magazin für die neueste Geschichte der evangelischen Missions- und Bibelgesellschaften" und deren Folgezeitschrift „Evangelisches Missionsmagazin. Neue Folge". Beide Zeitschriften sind über Google im Internet einsehbar. Im Weiteren wurden die Untersuchung „Die Taiping-Bewegung" (1923) und die populäre Schrift „Aufstand in China" (1958) von Wilhelm Oehler analysiert und für die Darstellung der Rezeption der Taiping-Revolution durch Basler Missionare herangezogen.

Die in Originaltexten verwendeten Namen habe ich, wie in vorausgegangenen Rezeptionsanalysen, in die heute maßgebende offizielle Romanisierung in Pinyin übertragen.

Magazin für die neueste Geschichte der evangelischen Missions- und Bibelgesellschaften, Basel: Verlag des Missions-Institutes 1816-1856 (MNGEM), Vol. 39 (1854) bis Vol. 41 (1856).

Band 39/ 1854, Heft 1.

Aus dem Leben des chinesischen Insurgentenkaisers Hung Sin tshen (Hong Xiuqan). Nach den Angaben eines Verwandten und Jugendfreundes desselben, Fung (Hong Rengan), mitgeteilt von Miss. Hamberg, 146 – 176

Den Schwerpunkt bildet das Leben und Wirken von Hong Xiuquan bis zum Aufbruch nach Nanking. Über das geistliche Leben in Nanking wird kurz berichtet. Der Aufsatz enthält auch die Ahnenreihe Hongs, seine Berufungsvision wird ausführlich dokumentiert. Es fällt auf, dass dabei mögliche schamanistische Einflüsse unerwähnt bleiben. Unter den Minoritäten Südchinas blühte der Schamanismus. So kann mit dessen Einfluss auf die Berufungsvision gerechnet werden: Schamanenkrankheit im Rahmen der Berufung und Himmelsreise sind typische Muster.

Die Beziehung zum baptistischen amerikanischen Missionar Roberts wird berichtet.

Die Gottesverehrer-Gemeinde im Distelgebirge und ihre Identifizierung als Rebellen gegen die Mandschu gelten als wichtig für die weitere Entwicklung zur Rebellion. Der Einsatz kaiserlicher Truppen führt zum endgültigen Ausbruch des Konflikts.

Von den Anfängen an scheint sich dem Bericht zufolge bei Hong die Idee des christlichen China mit der Ablösung der Qing-Dynastie verbunden zu haben.

Auf die wirtschaftlichen Hintergründe des Aufstandes wird kaum eingegangen.

Am Schluss wird die Ernennung der Führungsriege angesprochen, und in diesem Zusammenhang werden auch die pentekostal-charismatischen Tendenzen des zum Ostkönig ernannten Yang Xiuqing erwähnt.

Neben Hambergs Lebensbild von Hong Xiuquan spielen die Taiping auch in den *Konferenz- und Semestralberichten* der drei Basler Missionare eine Rolle. Aus ihnen geht hervor, dass die Situation der Rebellen intensiv beobachtet wird. Der Erfolg der Chinamission unter den Hakkas wird als gering eingestuft, am erfolgreichsten arbeite Missionar Hamberg.

Es bestehe Kontakt zu den Rebellen. Diese wünschten indessen keine direkten Besuche durch Missionare. Erst wenn sich die Lage stabilisiert habe, seien sie erwünscht, um das wahre Evangelium zu verkündigen. Missionar Lechler ist besonders skeptisch. (Band 39/ 1854, Heft 3, 39. Theodor Hamberg und insbesondere auch Rudolf Lechler werden in der Arbeit von Lixin Sun gewürdigt, Rudolf Lechler vor allem auch wegen seiner vielfältigen Veröffentlichungen und Vorträge während seiner Heimaturlaube. Lechler war mehr als fünfzig Jahre lang in China tätig. Ihm wie den anderen Basler Missionaren sei es auch darum gegangen, Verständnis für die chinesische Kultur in Deutschland zu erwecken, dies verbunden mit der Überzeugung, dass die christliche Mission dort eine wichtige Aufgabe sei: Lixin Sun 2002, zu den Berichten von Missionaren der Basler Mission: 129 – 144, zu Hamberg und Lechler: 129-134.)

Weitere Berichte sind auch in den folgenden Bänden des Magazins enthalten. Mitgeteilt wird Folgendes:

Die Ordnungskraft der Regierung ist erschöpft, die Rebellen können sich nicht vollständig durchsetzen. Räuber durchstreifen die ländlichen Gebiete, auch von einer lokalen Auseinandersetzung zwischen Dörfern wird berichtet. Allein schon von der politischen Gesamtlage her sind die Rebellen nicht zu übersehen. (MNGEM 40/ 1854, Hefte 1-3, die Berichte beziehen sich auf die zweite Hälfte des Jahres 1853)

In der Sparte „Nachrichten aus China" über das zweite Quartal 1854 werden Einschätzungen des Missionars Lechler referiert und zitiert, es sind Einschätzungen, die dessen kritische Beurteilung des Rebellenkaisers wiedergeben. Erwähnt wird dort auch der Ostkönig Yang Xuiqing, der sich für den Heiligen Geist halte. Positiv erwähnt wird der Bibeldruck in Nanking, 400 Drucker seien dort im Einsatz. Die politische Gesamtlage Chinas wird von Lechler als chaotisch eingeschätzt. (MNGEM Vol.40 (1855, Heft 1, 52-53)

Die Zeitschrift der Basler Mission berichtet höchst ausführlich über die Lage während der ersten Jahre der Taiping-Revolution. Sie versucht den Lesern in Deutschland und der

Schweiz ein möglichst genaues Bild zu vermitteln, vermeidet jegliche taipingfreundliche Jubelstimmung, wobei gleichzeitig die sorgfältige Berichterstattung eben auch damit zusammenhängen mag, dass die Taiping als religiös-protestantische Gruppierung im chinesischen Kontext wahrgenommen werden. Kritische Stimmen, wie die von Lechler, werden mitgeteilt. Offensichtlich ist diese genaue Informationspraxis charakteristisch für die Basler Mission, die von ihren Missionaren ganz allgemein regelmäßige Berichte eingeholt hat. Die Missionare unterstanden der zentralen Leitung der Gesamtorganisation in Basel. Damit unterschied sich ihre Arbeit grundlegend von der Arbeit der Einzelmissionare im Stile von Gützlaff und Roberts. Was die Basler aber mit den beiden Einzelmissionaren gemeinsam haben, ist das Ziel, einem chinesisch geprägten Protestantismus zur Entstehung zu verhelfen. Dieses zentrale Interesse mag von Anfang an für das Verhältnis der Basler Mission zu den Taiping bestimmend gewesen sein. Es war förderlich für die Wahrnehmung der Taiping gerade auch als chinesische Bewegung. In der Neuen Folge der Zeitschrift lässt sich dies uneingeschränkt weiterverfolgen.

Evangelisches Missions-Magazin. Neue Folge. Herausgegeben im Auftrag der evangelischen Missionsgesellschaft von Dr. Albert Ostertag, Basel, im Verlag des Missions-Comptoirs. In Commission bei J.J. Steinkopf in Stuttgart (EMM)

Band I/1857 und Band II/1858

Der erste Band enthält den Bericht über das Jahresfest der englisch-kirchlichen Missionsgesellschaft, gehalten in London im Mai 1857. Im Schlussteil der Veröffentlichung werden weite Teile des Vortrags des Bischofs von London referiert (EMM I/1857, 352 – 367). Der Name des Bischofs wird zumindest in diesem Teil des Berichts nicht genannt. Es handelt sich um Archibald Campbell Tait (1811-1882), der ab 1856 Bischof von London war, ab 1868 Erzbischof von Canterbury und damit Primas der Church of England (https://en.wikipedia.org/wiki/Archibald_Campbell_Tait(21.01.2018)). Der Berichterstatter bemerkt eingangs, dass seit Gründung der Londoner Missionsgesellschaft Bischof Tait der erste Londoner Bischof sei, der eine Konferenz der seit 59 Jahren bestehenden Organisation besucht habe. Ebenso bemerkenswert ist sodann der Vortrag selbst, der sich ausführlich und kundig mit den Entwicklungen in China beschäftigt. Er erwähnt ausdrücklich Meadows, dessen Buch über die Revolution in London 1856 erschienen war (siehe weiter unten), aber er verfügt auch über andere Quellen, die er nutzt. Der Stand seiner Informationen bezieht sich auf die Entwicklung der Taiping-Revolution bis wohl zur ersten Hälfte von 1857. Nach einer kurzen Darstellung der politisch-militärischen Entwicklung bis zur Ermordung des Ostkönigs Yang 1856 formuliert er denn im Blick auf die religiöse Bewertung der Rebellion: „Ich glaube, daß wir auf diese Bewegung nicht mit Gleichgültigkeit und Geringschätzung herabsehen dürfen." (361) Für ihn ist es ein göttliches Wunder, dass über „eine Handvoll protestantischer Missionare" im bislang verschlossenen China die Bibel in dem fremden Land einen Prozess in Gang gebracht hat, aus dem „eine Bewegung hervorging, vermöge deren auf den alten Stamm der confuzianischen Religion etliche der wichtigsten und entscheidendsten Grundwahrheiten des Christenthums aufgepfropft wurden." (361) Trotz aller geschilderten Gebetspraxis unter den Taiping und dem Bibelgebrauch stellt er aber fest, dass es sich bei den Führern der Taiping um „erleuchtete Heiden" handle, die den Weg zu einem besseren Religionssystem suchen (362). Dass hier Gott am Werk ist, steht für ihn außer Frage.

Von daher würdigt der Bischof, wie angedeutet, die Bibelverbreitung, den Bibelgebrauch und die Gebetspraxis, die in Berichten zu erkennen sind, ohne zu verhehlen, dass manches in der Taiping-Frömmigkeit doch sehr unorthodox ist.

Tait zitiert mehrfach eine kleine Schrift eines ursprünglichen Anhängers der Taiping, eines Soldaten, der ihnen aber den Rücken gekehrt hat. Dieser berichtet, wie auch Meadows (siehe weiter unten), dass die Taiping in Aussicht genommen haben, bei einem Sieg in China das staatliche Prüfungssystem für Beamte beizubehalten. Grundlage dieser Prüfungen sollen aber künftig die Schriften der Bibel sein. Das Wissen und Verstehen der Bibel soll Grundlage der Bildung der Führungsschicht des Reiches werden. Im Blick auf die Bevölkerung im Allgemeinen klagt sein Gewährsmann darüber, dass die Rebellen die Ahnen nicht mehr verehren dürfen und die „Ehrerbietung gegen die klassischen Bücher des Confucius untergraben und zerstört werde" (364).

Der Bischof betont deutlich, dass der Taiping-Glaube nicht im eigentlichen Sinne als Christenglaube angesehen werden könne. Er bekennt auch, dass er den führenden Persönlichkeiten der Bewegung kein Vertrauen entgegenbringen könne. Gleichwohl könne er die Überzeugung nicht aufgeben, „daß Gott, der diese bedeutungsvolle und so viele Elemente der Wahrheit in sich bergende Bewegung zugelassen hat, ebendamit große und herrliche Dinge für China beabsichtige." (365)

Abschließend weist er darauf hin, dass die katholische Mission in China die Taiping-Bewegung strikt ablehne, zumal auch katholische Heiligenbilder wie Götzenbilder zerstört worden seien. Schwerwiegender als die katholischen Gegner seien allerdings mögliche Maßnahmen der Staatsmänner der englisch-französischen Allianz. So warnt er eindrücklich davor, eine bewaffnete Intervention zu Gunsten der „grausamen, blutdurstigen, barbarischen und verweichlichten Mantschu-Dynastie" zu gestatten (367). Die Rede schließt mit dem Satz: „Ich habe die Hoffnung, daß die Freunde der Mission allenthalben, daß die britischen Parlamente, daß alle Bürger des christlichen Englands auch in künftigen Tagen, wenn ich nicht mehr in diesen Hallen meine Stimme erheben kann, es der Regierung klar machen werden, daß es uns nicht gleichgültig ist, welche Bahn die britische Diplomatie im Osten einschlägt." (366f.)

Die weitere Radikalisierung der Taiping war Mitte der 1850er Jahre nicht abzusehen. Es ist jedenfalls beachtenswert, wie die auch in England geführten Diskussionen von der Zeitschrift der Basler Mission wahrgenommen und ihren Lesern vermittelt worden sind. Dazu gehört nicht zuletzt der Hinweis auf die deutsche Übersetzung des von Bischof Tait zitierten Buches von Meadows, veröffentlicht im folgenden Jahr (Rubrik Missionsliteratur (EMM II/1858, S. 189):

Thomas Taylor Meadows, Die Revolution in China in ihrer Entstehung, ihrer politischen und religiösen Bedeutung und ihrem bisherigen Verlauf. Nebst Darstellung des auf christlicher Grundlage beruhenden Religionssystems der Insurgenten. Bearbeitet von J. Neumark. Berlin: Heinrich Schindler 1857. (Über Google im Internet veröffentlichte Ausgabe –Bemerkungen von liberarium.de. Der Titel der englischen Ausgabe lautet: The Chinese and their Rebellions, 1856.)

Der Rezent des Magazins (Fr. G.) weist darauf hin, dass Meadows kein Missionar ist, auch die Mission mit kritischem Auge betrachtet, wohl aber über Direktkontakte zu den Taiping verfügt. Sodann empfiehlt er den Missionsfreunden dringend die Lektüre des Buches. Er formuliert:

„Seine Erzählungen geben klaren Einblick in die entscheidungsvolle Stunde, welche durch wunderbare Fügungen Gottes für China gekommen ist. Diejenigen Missionsfreunde, welche immer noch bezweifeln, ob es an der Zeit sei, chinesische Mission zu betreiben, sind in der That dringend zu bitten, daß sie dieses Buch lesen möchten; ihre Zweifel werden ohne Zweifel nach Durchlesung desselben verschwunden sein. Nur Eines möge dießfalls hervorgehoben werden: – Der Verfasser hält nicht blos den Sieg der Insurgenten für wahrscheinlich, sondern er stellt auch in wohlbegründete Aussicht, daß im Falle des Sieges das ganze Examenwesen, welches geradezu eine Grundlage des chinesischen Staats- und Volksleben bildet, mit dem Examenwesen aber die wissenschaftliche Bildung der chinesischen Jugend und der ganzen chinesischen Beamtenwelt, statt wie bisher auf die alten Schriften der Chinesen, nunmehr auf die *Bibel* gegründet werden." (189)

Jahrgang V/1861

Es hat eine geraume Zeit gedauert, bis im Magazin das Thema „Taiping" wieder aufgenommen worden ist. Im Jahrgang 1861 wird unter der Überschrift „Die Taipings in China" die Berichterstattung unter Berücksichtigung der neuen Lage weitergeführt und in drei Teilen vorgelegt.

Erste Abteilung, 281-319

Der Verfasser stellt zunächst heraus, dass die Taiping unterschiedlich wahrgenommen werden und dass auch aus der Perspektive der Mission Gottes Absicht mit dieser Bewegung noch nicht klar erkennbar sei. Die in China einflussreichen europäischen Mächte hätten unterschiedliche Sichtweisen: Ganz negativ würden sie von den französischen Diplomaten und Generälen gesehen, nicht zuletzt unter dem Einfluss der Jesuiten, weil Bilder und Statuen des katholischen Kultus, ähnlich wie die buddhistischen Tempel, von den Rebellen zerstört worden seien. Die Engländer verhielten sich pragmatisch. Leitgesichtspunkt für sie sei die Anerkennung oder Nichtanerkennung ihrer ökonomischen Interessen. Besonders negativ werde von den Briten die rigorose Ablehnung des Opiumkonsums gesehen.

Unter den Missionaren bestehe immer noch die Hoffnung auf eine mögliche Evangelisation und Christianisierung von ganz China. Der Verfasser schildert diese Option als eine Möglichkeit der Beurteilung der Taiping, bekundet aber deutlich seine Unsicherheit in einer letzten Urteilsfindung. (Im Rahmen seiner Berichterstattung über die Beurteilung der Taiping-Revolution erwähnt der Verfasser auch, dass Parallelen zwischen dem Taiping-Kaiser und dem Propheten Mohammed gesehen würden. Er lehnt diesen Vergleich indessen ab. In der jüngsten Diskussion in Deutschland spielt der Vergleich zwischen dem Taiping-Staat und dem Islamischen Staat eine Rolle. Auch dieser Vergleich ist problematisch, weil beide je andere gesellschaftliche Voraussetzungen haben. Indessen sind Parallelen zwischen Hong Xiuqan und Mohamed im Blick auf Visionserfahrungen nicht zu übersehen. Die religionswissenschaftliche Einzelanalyse steht noch aus.)

Der Verfasser des Berichts im Missionsmagazin weist darauf hin, dass Kontakte und Informationen über die Rebellen vor allem über die Person von Hong Rengan laufen, dem auch Missionar Hamberg seine Informationen über Hong

Xiuqaun, den Rebellen-Kaiser, verdanke. Die Glaubwürdigkeit von Hong Rengan wird dann im Folgenden herausgearbeitet: Er sei von Missionar Hamberg getauft, sei hoch angesehener Mitarbeiter der Londoner Mission gewesen und sei unter Wissen um die Probleme in Nanking doch dorthin gegangen, wo ihm ein hohes Führungsamt (Schildkönig) übertragen worden sei (281-287).

Hong Rengan genoss offenbar großes Vertrauen bei den Basler und Londoner Missionaren. Die noch positiven Erwartungen der Missionare den Taiping gegenüber scheinen vor allem mit der Person Hong Rengans zusammenzuhängen. (Es ist nicht auszuschließen, dass, wenn Hong Rengan sein theologisches und politisches Programm hätte umsetzen können, es wirklich zur frühen Ausbildung eines chinesischen Staatsprotestantismus gekommen wäre, der sich ähnlich entwickelt habe könnte wie die theokratienahen Ostkirchen im Unterschied zum westlichen Christentum. Die heutigen Bestrebungen der kommunistischen Partei und Regierung, die anerkannten Religionen stärker zu sinisieren, bleiben demgegenüber geradezu marginal. Die globale Einbindung der bestehenden chinesischen Kirchen, insbesondere der protestantischen, hat sich zu weit entwickelt.)

Im Folgenden werden im Magazin im Anschluss an Hamberg und Meadows die Familie der Hong vorgestellt und der konfuzianische Werdegang von Hong Xiuqan, seine vierzigtägige Krankheit, Traum und Vision geschildert. Während Meadows die Vision rational erklärt, geht der Verfasser hier von einer göttlichen Ein- oder Mitwirkung aus. Er erkennt also die Berufungserfahrung von Hong Xiuquan an, betont aber, dass dies nicht bedeute, dass das Wirken von Hong Xiuquan sich im Folgenden der Eingebung Gottes verdanke, sondern dass hier die gesellschaftlichen Umstände und die persönliche Erfahrung, auch der chinesische Deutungskontext mit zur Geltung komme und alle Irrungen und Wirrungen der Situation mitspiegle (294-297).

Die folgenden Abschnitte beschreiben die Gesellschaft der Gottesanbeter (298ff.) und den Übergang zur Rebellion (307ff.).

Zweite Abteilung, 334-372

Diese Abteilung hat drei Unterabschnitte: Das chinesische „Recht der Rebellion", 334-339, Die neue Lehre, 339-351, Die aufkommenden Schwarmgeister, 351-357 und Die Entladung des Gewitters, 357-372. Es geht also um Neuentwicklungen in Nanking, im Wesentlichen bis Ende 1856. Auf ältere schriftliche Berichte kann nun nicht mehr zurückgegriffen werden. Es werden Zeitungen ausgewertet, auch Berichte von Missionaren, die Nanking besuchen konnten. Im Mittelpunkt der beiden letzten Teile steht der östliche König, Yang Xiuqing, der seit seinen Anfängen bei der Gemeindebildung der Gottesanbeter nahe Jintian, in den Bergen von Guangxi, neben Hong Xiuqan eine hohe Führungsrolle beanspruchte, weil er in ähnlichen Visionen wie Hong berufen worden sei. Auch in der Nankinger

Zeit hat er sich immer wieder auf eine unmittelbare Gotterfahrung berufen, darauf aufbauend eine Schreckensherrschaft praktiziert und schließlich als von Gott Beauftragter versucht, Hong umzubringen. Dieser kam ihm jedoch zuvor. Er wurde auf den Befehl des Taiping-Kaisers selbst umgebracht, ebenso wie sein Mörder (4. Abteilung, 358ff.).

Die Berichterstattung der Zeitschrift lässt erkennen, dass nach diesen Wirren doch möglicherweise mit der Konsolidierung der Taiping-Herrschaft gerechnet wurde. Es ist in Basel bekannt, dass Hong Rengan inzwischen in Nanking eingetroffen ist und dort sofort in eine Führungsposition übernehmen musste (372). Bald wurde er die eigentliche Führungspersönlichkeit der Exekutive in Nanking, allerdings immer eindeutig unter Hong Xiuquan.

Dritte Abteilung, 469-532

Die Situationsanalyse wird in vier Teilen entwickelt: Hung-yin's (d.h. Hong Rengans) Ankunft in Nanking, 469-485, Die Reformversuche, 485-497, Das Verhältnis zu den Ausländern, 497-506, Die Affäre von Schanghai, 506-532.

Zur zeitlichen Einordnung ist zu sagen: Die kriegerischen Auseinandersetzungen, bekannt als Schlacht von Shanghai, haben offenbar noch gar nicht begonnen. Ebenso hat die Eroberung von Ningbo, Hafenstadt etwa 200 km südlich von Shanghai, noch nicht stattgefunden.

Was als Affäre von Shanghai berichtet wird, sind die endlos langen Verhandlungen des Taiping-Generals mit den Führern der Truppen von Shanghai, und zwar den französischen und britischen. Die Taiping wollten auf dem Verhandlungsweg zu einem Vertragsabschluss mit den Ausländern gelangen. Sie kamen mit der Vorstellung, dass dieser möglich sei, weil sie ja gleichermaßen Christen seien und weil doch die

Qing-Dynastie sichtbar abgewirtschaftet habe. Ein Vertrag kam nicht zustande.

Das Magazin hatte schon im vorausgehenden dritten Abschnitt vom neuen Verhältnis zu den Ausländern geschrieben. Dies gehöre zu den Reformversuchen dazu, die sich indessen nicht zuletzt auf die Profilierung der christlichen Lehre bezogen hätten. Hong Rengan habe ja ein besonders intensives Verhältnis zu englischen Missionaren (James Legge) und zu den Basler Missionaren, auch zu dem amerikanischen Baptisten Roberts gehabt. Dass er der Hoffnungsträger für die Mission war, wird immer wieder deutlich. Nicht zuletzt dürfte er es gewesen sein, der die Missionskreise daran hinderte, die Taiping ausschließlich kritisch zu sehen.

Es ist in hohem Maße erstaunlich, wie sorgfältig und genau das Missionsmagazin aus Basel für den deutschsprachigen Raum berichtet hat. Die Missionsfreunde in Süddeutschland und der Schweiz waren gut informiert.

Jahrgang VI, 1962

Unter der Rubrik „Missionszeitung" findet sich der Bericht

„Die Lage der Dinge in China", 231-236

Zunächst wird die allgemeine Lage geschildet: neue Ungleiche Verträge, die Erhöhung der Zahl der Vertragshäfen, die wachsende Präsenz der Franzosen und Engländer in erster Linie am Yangtse entlang, die Durchsetzung der Einrichtung von Gesandtschaften in Peking, alles auch damit verbunden, dass sich die christliche Mission ausbreiten konnte. In Peking würden die Franzosen die katholische Mission unterstützen, die Briten würden dagegen einem protestantischen Missionar die Arbeit in der Hauptstadt verweigern.

Berichtet wird auch über die Entwicklungen am Qing-Hof, über die Unfähigkeit des Kaisers Xianfeng, über seinen Tod, über die umstrittenen Nachfolgeregelungen, über den Prinzen Gong, der nach einer Palastrevolution Reichsverweser wird, genauer: wieder Reichsverweser wird und zu den ausländischen Mächten förderliche Beziehungen aufbaut. Der Autor des Artikels urteilt, damit sei „eine gewisse Bürgschaft für eine glückliche Entwicklung des ausländischen Verkehrs mit China" vorhanden (232).

Ganz anders stellt sich nach diesem Bericht die Situation in Nanking und damit bei den Taiping dar (ab 233). Dabei ist im Voraus zu vermerken, dass es dem Magazin um eine Berichterstattung geht, die die Schwächen und Fehler der Taiping nicht übergeht, ihr Handeln aber immer wieder von chinesischen Kontexten jener Zeit her zu verstehen versucht, um gerade so Einseitigkeiten mancher anderen Berichte zu vermeiden oder zu korrigieren. Bezeichnend hierfür ist folgende Passage: „Man hat immer über die Grausamkeiten der Taipings sich entrüstet und sie als die alleinigen Mordbrenner in China verdammt. Die Kaiserlichen machen es womöglich noch schlimmer; oder vielmehr, man muß sagen: es ist die altherkömmliche Art der Kriegsführung in ganz China. Der Chinese versteht unter Kriegsführung von Alters her nichts anderes als das Hinschlachten einer möglichst großen Summe von Menschen, abgesehen davon, ob es Soldaten im Feld oder ob es friedliche Bürger in Stadt und Land sind." (233)

Der Bericht geht von schweren Niederlagen der Taiping aus, berichtet dann aber von der Einnahme von Ningbo am 9.Dezember 1861. Zitiert wird eine Meldung der China Mail: Die Stadt sei ohne Schwertstreich eingenommen worden, die Bevölkerung sei geflohen, das Eigentum der Ausländer sei respektiert worden (234). (Auf diese Situationsbeschreibung ist nochmals zurückzukommen. Es liegen Augenzeugenberichte vor, die kritischer berichten. Vgl. auch die Reaktion von Karl Marx auf Ningbo.)

Im Ganzen wird die Situation des Taiping-Reiches als Heraufdämmern des Endes beschrieben: Dazu gehört, dass Hong Rengan, der Kanwang, d.h. der Schildkönig, einst vom Basler Missionar Hamberg getauft, offensichtlich an Einfluss verloren hat, dass das Vertrauen zum

Baptistenmissionar Roberts, der in Nanking als Berater tätig geworden war, zerbrochen ist, sodass dieser Nanking verlassen hat oder besser gesagt verlassen musste, dass insgesamt das Verhältnis zu den Ausländern sich grundlegend verschlechtert hat und von ihnen keine Hilfen mehr erwartet werden. Die negativen Erfahrungen der Taiping im Vorfeld der letzten Schlacht um Shanghai haben dazu, dem Bricht zufolge, die entscheidenden Anstöße gegeben. Möglicherweise seien die Beziehungen zu Roberts abgebrochen worden, weil von diesem der Aufbau guter Beziehungen zu den Engländern eigentlich erwartet worden war (235-236).

Letzter Satz des Berichts: „Wann wird dieser Jammer in dem unglücklichen Reiche ein Ende nehmen!" (236)

Jahrgang VII/1863

Die Lage der Taiping in China, 164-179

Der erste Teil analysiert die Situation bis in die letzten Monate von 1862 (171-173), der zweite Teil umfasst Berichte einer Missionsreise in die Provinz Kanton zum Geburtsort von Hong Xiuquan, dokumentiert eine Art Katechismus von 1854 (173-179) und berichtet in einem kleinen Schlussabsatz von den Vorbereitungen zur Verteidigung von Nanking.

Der Artikel beginnt mit einem Zitat von James Legge. (Bis heute ist Legge durch die Übersetzung der klassischen chinesischen Texte ins Englische vor allem unter Fachleuten bekannt. Er kam als Missionar der Londoner Missionsgesellschaft nach China, war dann auch etliche Jahre als Leiter eines theologischen Seminars in Hongkong tätig und unter den Missionarskollegen hochgeachtet. Lebenszeit:1815-1897.) Legge benennt die großen Erwartungen der Missionare zur Anfangszeit der Taiping und die wachsenden Enttäuschungen in der Folgeentwicklung. Nicht zu verhehlen sei, „daß heutzutage (gemeint ist das Jahr 1862) der letzte Rest unserer Hoffnungen zu Schanden geworden ist." (165) Das Zitat von Legge beschreibt genau auch die Intention des vorliegenden Artikels. Dabei geht es vor allem um Probleme mit der theologischen Lehre von Hong Xiuquan. Während die ersten Schriften des Rebellenkaisers voll die Verehrung des einen Gottes (Shangdi) herausgestellt und sich gegen jede Form von Götzendienst gewandt hätten, zeigten die Zitate aus späteren Schriften des Hong Xiuquan Tendenzen, die Lehren von Gott dem Vater und dem Sohn durch eine eigenwillige Auffassung von der Gottschaft des Heiligen Geistes zu interpretieren. Dabei würden nicht ausschließlich, aber überwiegend Auslegungen von einzelnen Kapiteln der Offenbarung ausführlich zitiert. Die Hauptstadt Nanking werde als das neue Jerusalem verstanden, in dem die Gottesherrschaft auf Erden beginnt (168).

Hier handelt es sich offensichtlich um millenialistische Tendenzen, die die Theologie der Taiping-Bewegung zwar nicht als ganze kennzeichnen, aber doch in einzelnen Ansätzen vorhanden sind. Sie sind vor allem als eine theologische Begründung der Machtansprüche des pentekostalen Charismatikers Yang Xiuqing entstanden, der sich letztendlich nicht einordnen und unterordnen wollte, sodass er 1856 umgebracht wurde. Es ist durchaus möglich, dass danach derartige Bibelauslegungen keine Rolle mehr gespielt haben. Die Rolle von Hong Rengan, auf den viele Missionare gesetzt hatten, blieb aber trotzdem enttäuschend: Die Angleichung der Taiping-Lehre an die Missionstheologie war nicht mehr möglich.

Im folgenden Teil (171ff.) geht der Artikel auf militärische und politische Entwicklungen im Einzelnen ein. Die Auseinandersetzungen um Shanghai seien in ein neues Stadium eingetreten. Inzwischen sei es so, dass England die Rebellen nicht dulden wolle, und dies, obwohl die Taiping den englischen Handel nicht beeinträchtigt hätten. Trotzdem solle nun die Mandschu-Dynastie nach den neueren Entwicklungen massiv im Kampf gegen die Rebellen unterstützt werden. Die französische Politik bewege sich in dieselbe Richtung. Den Franzosen gehe es dabei auch um die Stützung der katholischen Mission. Russland sei ebenfalls zum Kampf gegen die Rebellen entschlossen. (171f.)

Trotz dieser zugespitzten Lage konstatiert der Autor des Artikels überraschenderweise Erfahrungen, die ihn melden lassen, das Christentum mache bedeutende Fortschritte. Im Raum zwischen Nanking und Shanghai werde kaum ein Chinese mehr an die alten Götzen und Götter glauben (173).

Die Diagnose, viele, gerade auch gebildete Menschen seien für die Predigt der Missionare offen, mag punktuell zutreffen, im Blick auf die Gesamtentwicklung könnte man jedoch eher vermuten, dass der Ikonoklasmus der Taiping den Beginn einer wachsenden Säkularisierung Chinas eingeleitet hat.

Der zweite Teil berichtet vom Besuch zweier Missionare im ersten Wirkungsbereich von Hong Xiuquan im ländlichen Kanton. Er sei dort in guter Erinnerung, nur wenige würden noch Götzen anbeten.

Aufschlussreich sind im Folgenden die breiten Zitate aus einem Taschenbüchlein, das jeder Rebell 1854 besessen haben soll. Es ist eine Art Kleiner Katechismus, wie er auch von deutschen Reformatoren des 16. Jahrhunderts verfasst worden ist, ein Lehr- und Gebetsbüchlein. Man kann die Missionare verstehen, wenn sie den Text ausführlich zur Kenntnis genommen haben. Es ist ein frommes Büchlein von großer Ernsthaftigkeit, die Gebetstexte lassen fast die Lehrabweichungen von der protestantischen Haupttradition vergessen (Texte des Büchleins: 175-178). Der heutige Leser spürt etwas von der Trauer angesichts der Entwicklungen der Taiping-Bewegung in den Jahren kurz vor ihrem Untergang.

Das Referat über den Bericht der zwei Reisenden endet mit der Schilderung von Erfahrungen im Geburtsort des Taiping-Kaisers. Das dortige Wohnhaus des Kaisers sei noch immer zerstört.

Das Dorf selbst sei schon 1854 gänzlich zerstört worden, sei aber wiederaufgebaut worden, abgesehen von dem Haus des Kaisers. Dann wird berichtet, dass die Reisenden an der Ahnenhalle von Hong Rengan vorbeigeführt worden seien, wo sich heute Ruinen finden. Der Bericht schließt mit dem Satz: „Die kaiserliche Mandschu-Regierung hat über die beiden Familien (gemeint sind die Herkunftsfamilien von Hong Xiuquan und Hong Rengan) einen Fluch ausgesprochen, der über neun Generationen – Lebendige und Todte – sich erstreckt." (179) Der einzelne Mensch, der einzelne Aufständische, ist in der chinesischen Tradition nicht nur er allein, sondern seine Familie, seine Ahnen, die Menschen, die ihn, den Täter, hervorgebracht haben.

Aus dem Berichtsblock: Das nördliche China. Rückblick auf das Jahr 1862, 227-231

Das Magazin bezieht sich hier auf den North China Herald und informiert zunächst die Leser darüber, dass der Verfasser des Berichts der Zeitung ein leidenschaftlicher Feind der Taiping sei. Ehe er speziell auf die Taiping zu sprechen kommt, unterrichtet er seine Leser darüber, dass inzwischen in der Mandschu-Armee britische Offiziere als Instrukteure tätig sind.

Die Landschaften um Nanking seien vollständig verwüstet, der Kaiser werde als Gottheit verehrt. Der Rebellenkaiser behaupte, die Bibel meine seine Herrschaft, wenn sie vom Reich eines allgemeinen Friedens rede. Der Versuch, Shanghai zu erobern, sei restlos gescheitert (227-229).

Sodann wird von den guten Beziehungen zu den Mandschus unter Prinz Gong berichtet. Die Erlaubnis für Ausländer, sich in China frei zu bewegen, habe zu einem Aufblühen vielfältiger Geschäftsbeziehungen geführt. Insbesondere der Opiumhandel habe bedeutend zugenommen, entsprechend auch die Preise und damit die Gewinnchancen. Prinz Gong habe zwar im kaiserlichen Palast den Opiumgenuss wegen seiner Gefährlichkeit streng verboten. Ein chinaweites Verbot des Opiumrauchens sei aber nicht erlassen worden. Der Bericht rechnet mit einer baldigen Vernichtung der Taiping.

Dass das Magazin der englischen und französischen Chinapolitik gegenüber recht kritisch war, ist nicht zu übersehen. In dieser Schärfe hat sich das Magazin aber bislang nicht geäußert. Die Situation war schwierig genug, auch unter dem Aspekt der immer wieder wichtigen Zusammenarbeit mit der Londoner Missionsgesellschaft.

In den folgenden Jahrgängen der Zeitschrift bricht der Berichterstattung über die Taiping buchstäblich ab. Eigentlich hätte man erwartet, oder der heutige Leser hätte erwartet, dass ausführlich über die Eroberung Nankings, auch über den Tod von Hong Xiuquan berichtet worden wäre. Das Register weist jedoch auf keinen diesbezüglichen Text hin. Die Taiping verschwinden einfach. Nur zwei Missionarsberichte, die etwas älter sind, werden den Lesern noch vorgestellt.

Jahrgang VIII/1864

Frau Edkins in China, in zwei Folgen, S. 369ff, vor allem 407-425

Die Artikel stellen die Übersetzung einer englischen Veröffentlichung dar: R. Edkins, Chinese Scenes and People, London 1863, und betreffen Berichte von Kontakten des Ehemanns der Autorin, eines englischen Missionars, der lange Jahre in China gearbeitet hatte und vor allem in Shanghai stationiert war. Die Veröffentlichung der Berichte im letzten Jahr der Rebellion bilden fast ein Widerlager zu den Äußerungen über die englische Politik in der Spätphase der Revolution: Es gibt nicht nur die politische Ablehnung der Taiping, es gibt auch das Bemühen um Kontakte zu ihnen, dies hier nun aufgezeigt am Beispiel des Shanghaier Missionars Edkins.

Von einem ersten und zweiten Besuch wird auf den Seiten 407-409 berichtet. Edkins reist 1860 nach Suzhou und wird dort in festlichem Zeremoniell vom Taiping-Kaiser empfangen. Er hat bei dieser Audienz die Gelegenheit, die christlichen Grundlehren darzustellen. Der zweite Besuch in Suzhou findet ebenfalls im Juli 1860 statt. Er erfolgt auf Grund einer Einladung des Kanwang, des Schildkönigs, also von Hong Rengan, mit der Bitte, ihn in den christlichen Lehren zu unterrichten. Missionar Edkins macht sich daraufhin mit vier weiteren Missionaren auf den Weg zu den Vertretern der neuen Dynastie. Näheres wird nicht mitgeteilt, wohl aber im Folgenden dann, dass die Schlacht um Shanghai begonnen hat. Es wird durch den Bericht bestätigt, dass die Rebellen vor Shanghai das Feuer der Verteidiger der Stadt nicht erwidert hätten und über den ungnädigen Empfang überrascht gewesen seien (412). Die später einsetzenden Kämpfe hätten 5000 Rebellen das Leben gekostet (412f.).

Schon auf den zurückliegenden Reisen hatten die Missionare die Kriegszerstörungen und das Elend der Menschen in den Rebellengebieten registriert. Dies ist dann auch auf der letzten berichteten Reise nach Nanking der Fall. Die Reisenden erleben eine fromme Taiping-Familie.

Edkins trifft zwar nicht Hong Rengan, hat aber Gespräche mit anderen Taiping-Führern und kommt zu dem Schluss, dass der Kontakt zum Rebellenkaiser abgebrochen werden sollte, da dieser an seinen neuen Offenbarungen festhalte, obwohl ihm nachgewiesen worden sei, dass diese falsch seien. Es gebe unter den Taiping-Führern solche, die eher auf die Missionare hörten, aber doch auch andere, die am geistlichen Vorrang ihres Kaisers festhielten. Abschließend wird von einer Sabbatfeier in Nanking berichtet, die Missionare hätten die Gelegenheit gehabt, Zeugnis von den Hauptwahrheiten abzulegen. Sie hätten sogar die Möglichkeit erhalten, Predigten zu wiederholen, und zusätzlich eine Einladung erhalten, sich in Nanking niederzulassen. Inzwischen sei nach den Berichten von Edkins unter den Missionaren die Skepsis gestiegen: Wie solle unter einem despotischen Herrscher, der sich für den Sohn Gottes halte, überhaupt noch das Evangelium gepredigt werden (425)?

Warum das Basler Magazin im Krisenjahr 1864 diese Berichte veröffentlicht hat? Möglicherweise bestand ein Interesse daran, ausdrücklich das Bemühen englischer Missionare um Verständigung zu würdigen, gerade angesichts der politischen Optionen, die die britische wie die französische Politik dominierten.

Jahrgang XIII, 1869, für den ein neuer Herausgeber zeichnet, nämlich Hermann Gundert

Bericht: Blicke in das Innere einer chinesischen Christenfamilie

Erster Teil, 283-302

Im hier referierten ersten Kapitel werden die Erlebnisse der chinesischen Christenfamilie bei der Eroberung von Ningbo, Dezember 1861, geschildert. Die Stadt sei weitgehend von der chinesischen Bevölkerung geleert gewesen. Gleichwohl wird in diesem Bericht von Plünderungen durch die Taiping berichtet. Die Soldaten hätten Beute gesucht und Gefangene gemacht, wo es nur möglich gewesen sei.

Es sei einem alten baptistischen Missionar gelungen, ein Asyl für Bedrohte, insbesondere für Kinder einzurichten (299). Ganz Ningbo sei in ein großes Lager verwandelt worden. Bereits im Mai 1862 sei Ningbo von Engländern und Franzosen entsetzt worden (301).

Dieser Bericht ist nicht zuletzt deshalb aufschlussreich, weil er zwar eine frühere Darstellung der Eroberung im Magazin nicht bestätigt, wohl aber Berichte, die die Schreckenstage bei der Eroberung von Ningbo in Erinnerung rufen.

Der Ningbo-Bericht ist, wie der Gesamttitel sagt, Teil eines größeren Berichtes darüber, wie es einer chinesischen Christenfamilie ergangen ist. Die weiteren Teile enthalten keine Hinweise auf die Taiping-Revolution. Die Personalisierung der Erlebnisse ist wohl auch besonders für die Missionsfreunde in Europa gedacht. Sie weicht deutlich von älteren, höchst genauen Studien über die Taiping ab.

Ein nicht befriedigendes Ende der Berichterstattung über die Taiping-Revolution

Warum über den Untergang des Taiping-Nanking nicht berichtet worden ist, auch nicht über den Tod von Hong Xiuquan oder über das Ende des Nachfolgers des ersten Kaisers und nicht über das Ende von Hong Rengan, muss vom vorliegenden Material her offenbleiben. Den Skeptikern unter den Missionaren, wie etwa Rudolf Lechler, wird ein Schlusswort in der Zeitschrift nicht erteilt. Was in Deutschland und der Schweiz in Vorträgen laut geworden ist, ist sicherlich irgendwo dokumentiert, im Magazin jedenfalls nicht. Es kann vermutet werden, dass die Leitung der Basler Mission keineswegs einhelliger Meinung über das Schlusskapitel der Taiping war. Dass es ein bewegendes Ereignis war und blieb, wird daraus deutlich, dass ein Basler Missionar fast fünfzig Jahre nach dem Ende der Taiping in Nanking eine wissenschaftliche Arbeit veröffentlichte, die keinen Zweifel daran ließ, dass die Taiping in allen ihren Besonderheiten zur Geschichte des chinesischen Protestantismus hinzugehören.

Die Basler Mission und die Taiping: Die Arbeiten von Wilhelm Oehler

Wilhelm Oehler (1877-1966) war ein württembergischer Pfarrer, der eine lange Zeit seines beruflichen Lebens in unterschiedlichen Positionen für die Basler Mission tätig war. Nach seiner Promotion zum Dr. phil. arbeitete er von 1906-1920 in China, vor allem in der Provinz Kanton. Nach seiner Zeit in China war er auch wissenschaftlich tätig. Seine theologische Lizentiatenarbeit erschien 1923. Sie hat den Titel: „Die Taiping-Bewegung – Geschichte eines chinesisch-christlichen Gottesreichs". Oehler hat dieses Thema noch einmal in einer kleinen Studie bearbeitet. Sie war dem Andenken des ersten Chinamissionars der Basler Mission gewidmet: Aufstand in China – Geschichte der Taiping vor hundert Jahren (1850-1864). Oehlers wissenschaftliche Arbeit zu den Taiping ist die einzige missionswissenschaftliche Monographie deutscher Sprache zu den Taiping geblieben. (Werner Raupp, „Oehler, Wilhelm" in: Neue Deutsche Biographie 19 (1999), S.431-432 (Online-Version: https://www.deutsche-biographie.de/sfz72901.html (04.02.2018))

Wilhelm Oehler, 1923, Die Taiping-Bewegung – Geschichte eines chinesischen Gottesreichs, Gütersloh: Verlag Bertelsmann

Einleitung

Methodisch setzt sich Oehler gleich zu Beginn von anderen Arbeiten über die Taiping ab. Er betont, dass für das Verstehen der Taiping Wissen um die chinesische Religion, um das Chris-

tentum sowie um die Missionsgeschichte unab-
dingbar seien (9-10).

Kapitel 1: Die Visionen des Hung Siu-ts'uen
(Hong Xiuquan), 14-30

Oehler folgt Hambergs Darstellung (s.o., MNGM
39/1854, 46-176), auch im Blick auf dessen erste
Begegnung mit einem Missionar, ohne diesen
als solchen zu erkennen. Im Weiteren geht es
um die Berufungserfahrung, um Traum und Vision, um die Misserfolge in Kanton bei der Beam-
tenprüfung, um Erkrankung, Traum, Sterbens-
wunsch, Erstarrung, visionäre Entrückung, um
den Alten und seinen Auftrag (vor allem 22-27).

Oehler stellt zweierlei heraus: einmal die Paral-
lelität der Hongschen Vision mit anderen religiösen Berufungsvisionen, etwa der Berufungsvision des Propheten Jesaja (Jesaja 6) und, überraschenderweise mit der Vision Mohammeds. Sie
beinhalte auch ein Ja zum Monotheismus. Zum
zweiten: Die Vision des Hong sei vollständig in

Bildern der Anschauungswelt Chinas erfolgt. Von daher werde auch die Herrschaftsbeauftragung als Initiation in das Kaisertum begriffen (26), verbunden mit dem Prophetenauftrag des höchsten Gottes Shangdi.

Hong sei kein Ekstatiker gewesen, auch kein Epileptiker. Er sei von den späteren Ekstatikern in den Bergen (Yang) nicht angeregt worden, habe kaum eine andere Vision in seinem Leben gehabt (26f.).

Vierzig Tage lang folgen weitere Visionen (27): Der ältere Bruder taucht auf. Allerdings sei zu bedenken, dass „älterer Bruder" als höfliche Anrede für jeden Genossen gebraucht werde, den man ehren wolle (27).

Oehler folgt zum Teil wörtlich Hamberg. In seiner Darstellung wird nichtklar, ob erste Kontakte zu Missionaren und auch die Lektüre ihrer Schriften die Visionen beeinflusst haben, was eigentlich vorausgesetzt werden muss. Visionen bewegen sich im Allgemeinen in einem vorgegebenen Deutungsrahmen. Mit katholischem

Christentum haben die Visionen von Hong ganz klar nichts zu tun.

Kapitel 2: Der Einfluss des Christentums, 31-47

Oehler wendet sich in diesem Kapitel gegen diejenigen, die jeden Bezug der Taiping-Bewegung und ihres Begründers zum Christentum bestreiten oder ignorieren, und zeichnet den biographischen Prozess zwischen erstem Traum und den Visionserfahrungen bis zum Ende der 1840er Jahre nach. Sechs Jahre habe sich nichts grundsätzlich Neues im Leben von Hong Xiuquan ereignet. Traum und Himmelsreisenvision seien unbegriffen geblieben. Die Wende sei erst 1834 gekommen, als ein Freund aus dem Hause Li, das Hong als Lehrer angestellt hatte, den vergessenen Bücherkasten, Geschenk eines Unbekannten, geöffnet und darin ein „besonderes" Buch entdeckt habe, das er dann studiert habe. Es handelte sich um ein Buch von Ling Fa (bei Oehler: Liang-Afa) mit dem Titel „Gute Worte zur Ermahnung der Welt", 1832 in Kanton gedruckt, eine kleine Einführung in das protestantische Christentum. Hong liest dieses Buch dann selbst und hat, dem Bericht nach, plötzlich eine Deutung seiner Himmelsvision. Er weiß, dass der alte Mann der Himmelskönig, der jüngere Mann, der Genosse, Jesus war und die Dämonen versteht er als die Götzen, die es zu überwinden gilt. Vetter Li und Hong Xiuquan taufen sich darauf gegenseitig und verstehen sich neu als Nachfolger dieses Himmelskönigs und des Herrn Jesus (32 und 33).

Hong und Li versuchen danach Anhänger zu finden. Ihr Kampf gegen die Götzen beginnt höchst alltagsnah: der Küchengott wird entfernt, Konfuziussprüche und Konfuziusbilder im Schulraum ebenso. Insbesondere Letzteres führt dann zum Konflikt mit dem Dorf. Hong und sein Freund Li werden nicht mehr als Dorfschullehrer angestellt. 1844 ist der Bruch vollkommen und die beiden Prediger gehen als Pinselhändler auf die Wanderschaft Richtung Guangxi, wohl in erster Linie zu den dort lebenden Hakka, wahrscheinlich auch zu den Miao (Miau). Oehler beschreibt dies unter dem Begriff „erste Missions-reise" (38-43). Dort kommt es dann zu Gemein-debildungen. Die Anhänger werden später „Got-tesanbeter" genannt.

Im 3. Kapitel gibt Oehler später einen Einblick in das dortige religiöse Leben auf der Grundlage eines Protestantismus, man könnte verkürzt sa-gen, mit schmaler Dogmatik, ohne Trinitätslehre und ohne Christologie, ein Monotheismus und eine schlichte Bruder-Jesus-Frömmigkeit, eben das, was aus der Schrift von Liang Fa zu lernen war. Inzwischen war auch Hong Rengan Mitprediger bei Hong Xiuquan geworden. Beide verlassen aber nochmals das Gebirge, um so-wohl aus eigenem Antrieb als auch auf Grund eines Einladungsschreibens zu dem damals of-fenbar bekannten Missionar Roberts, einem frü-heren Mitarbeiter von Karl Gützlaff, zu reisen. Es war ihr Interesse, das protestantische Christen-tum genauer kennenzulernen. Vier Wochen lang werden sie unterrichtet. Hong Xiuquan hätte sich gerne von Roberts der Lehrtradition ent-sprechend taufen lassen. Er wäre auch gerne in den Mitarbeiterstab von Roberts aufgenommen worden. Damit hätte er eine kleine Besoldung erhalten, die seine Arbeit sicherer gemacht hätte. Eine Intrige verhinderte jedoch die Aufnahme in den Mitarbeiterstab und die Taufe. Hong Xiuquan machte sich auf den Weg zurück in die Berge von Guangxi. (Zum Kontakt mit Roberts: 43-47.)

Mit besoldeten Mitarbeitern hatten Roberts und erst recht schon Gützlaff höchst negative Erfahrungen gemacht. Von daher wird das Verhalten von Roberts auch verständlich. Gützlaff und auch Roberts waren als Einzelmissionare tätig. Sie mussten ihre Arbeit selbst finanzieren. Aber sie waren damit auch ihren Spendern gegenüber relativ autonom. Das Missionsprinzip dieser Missionare war es, mit einheimischen Predigergehilfen zu arbeiten, um möglichst volksnah zu sein. Die Verteilung von ins Chinesische übersetzten Bibelabschnitten und entsprechenden Erbauungsschriften war übliche Praxis. Die Empfänger und Verteiler dieser Schriften blieben vielfach ohne Auslegungshilfe. Von daher wird deutlich, dass die Begegnung mit dem Christentum, wie Oehler sie mit Hamberg schildert, keineswegs völlig ungewöhnlich war. Ungewöhnlich war vielmehr die charismatische Kraft von Hong Xiuquan als Prediger und Führer.

Beachtenswert ist im Übrigen die lange Dauer zwischen der Erfahrung von Traum und Vision und der viel späteren Begründung des Himmlischen Reiches. In dieser Zwischenzeit haben sich offenbar nach und nach politisch-nationale Motive – Sturz der Qing-Dynastie – und protestantisch-religiöse Motive miteinander verwoben. Oehler betont auch, dass Hong Xiuquan seine Ziele nicht drängend verfolgt habe, sondern wartend, bis für ihn der Ruf des Himmels zum Handeln erkennbar geworden sei.

Kapitel 3: Der Geistesfrühling in der Kwangsi-Provinz, 48-70

Mit „Geistesfrühling" meint Oehler zunächst einfach das Wachstum der Gemeinde der Gottesverehrer (50) und eine erste spektakuläre Aktion, nämlich die Zerstörung des religiösen Standbilds eines lokalen Helden in der Nachbarschaft. Urteil von Oehler: eine sittlich gebotene Tat, vergleichbar den Aktionen Luthers gegen Tetzel (51 und 53). So problematisch eine derartige Wertung ist, so aufschlussreich sind Oehlers Beschreibungen des Lebens der Gemeinde am „Dornberg". Oehler arbeitet hier unter Rückgriff auf unterschiedliches Material, das nicht von Hamberg stammt. Vor allem handelt es sich dabei um Schriften, die von den Taiping 1853 an den englischen Gouverneur von Hongkong übergeben wurden. Das Interesse von Oehler besteht darin, speziell Spuren des religiösen Lebens der Gemeinde der Gottesanbeter, und zwar *vor* Beginn des Aufstandes, nachzugehen.

Gemeinde am „Dornberg" meint Gemeinde im Distelgebirge, einer unwegsamen Gebirgsgegend nördlich von Jintian, dem heutigen Guiping. Es muss sich um eine unwegsame Gegend gehandelt haben, in der sich eine neue religiöse Gemeinschaft fern von den Behörden bilden konnte (zur Geografie: Jonathan D. Spence 1995, 212 und Karte 214). Oehler schildert den streng religiösen Charakter dieser Gemeinschaft, den Jesusglauben, die Ablehnung des Ahnenopfers, die Weiterführung von Tieropfern bei besonderen Gelegenheiten, das Taufritual, das Ritual der Segnung des Sohnes einen Monat nach der Geburt, das Fehlen des Abendmahls, die Bedeutung der Zehn Gebote, gerade in ihrer Nähe zu konfuzianischer Lebensordnung, die ersten Formen eines religiösen „Kommunismus", kurzum: alle Ausdrucksformen des Lebens einer vom Protestantismus beeinflussten religiösen Gemeinschaft. Schließlich kommt Oehler auch auf die visionären Erfahrungen des Yang Xiuqing zu sprechen, die er unter Hinweis auf das Neue Testament positiv gewürdigt sehen will. Oehler spricht von einem „Geistesfrühling, mitten in einem Heidentum, das in seinem vollen Unwert durch die Verehrung des Götzen Kam in Siantschau gekennzeichnet ist". Eine Abschwächung der Bewertung erfolgt dergestalt, dass rhetorisch fragend formuliert wird (57-70).

Kapitel 4: Die Taiping im Aufstand, 71-95

Der Anlass des Aufstandes (71-77)

Im Rahmen der Frage nach den Gründen des Aufstandes geht Oehler auf unterschiedliche Untersuchungen ein. Ein wichtiges Problem ist für ihn, dass es Analytiker gibt, die den religiösen Hintergrund des Aufstandes nicht einmal wahrnehmen. Er bezweifelt nicht die Bedeutung des Faktors „schlechte Soziallage der Bevölkerung", nicht die Stammesauseinander-setzungen (Hakka gegen Punti), auch nicht den Einfluss der europäischen Politik, aber er will den religiösen Faktor nicht außer Acht gelassen haben.

Und hier greift er nun besonders de Groot an. De Groot arbeite in erster Linie auf der Grundlage der kaiserlichen Dekrete (73). Oehler meint, er gewinne dadurch ein völlig einseitiges Bild, weil die kaiserlichen Dekrete auf den Berichten der Mandarine, also der konfuzianisch ausgebildeten Beamtenschaft, beruhe, deren einzelne Vertreter sogar sich als „Ketzerjäger" hervorgetan hätten. Religiöse Hintergründe, die de Groot durchaus im Auge habe, kämen damit von vornherein in einer Sicht zur Sprache, die abweichendes und damit zu bekämpfendes Verhalten thematisiere und damit den Taiping keineswegs gerecht werde (73-74).

Dass de Groot diesen Ansatz wählt, hängt für Oehler damit zusammen, dass er von einem grundlegenden Misstrauen den Missionarsberichten gegenüber ausgeht. Seine Sinologie will nicht missionstheologisch bestimmt sein, sondern wissenschaftlich-objektiv.

Damit ist hier eine Sichtweise angesprochen, die die deutsche Sinologie zum Teil bis zum heutigen Tage prägt, etwa in der Beurteilung der Übersetzungen von Richard Wilhelm. Im Falle von de Groot führt das nach Oehler zu einer mangelhaften, einseitigen Situationsanalyse. Wissenswert ist in diesem Zusammenhang, dass De Groot wissenschaftlich hoch angesehen war. Er ist der Gründer des Sinologischen Seminars der Berliner Universität, er war Mitglied der Preußischen Akademie der Wissenschaften und anderer Wissenschaftlicher Akademien, politisch konservativ und zu seiner Zeit lebhafter Unterstützer des deutschen Kaiserhauses. (Stange, Hans O.H., „Groot, Jan Jacob Maria de" in: Deutsche Biographie 7 (1966), 130-131. Online-Version: https://www.deutsche-biographie.de.)

Oehler datiert den Beginn des bewaffneten Aufstandes auf Ende 1850 (75). Noch war dies kein Taiping-Aufstand, sondern der Widerstand der Gemeinde der Gottesanbeter gegen die Truppen der Mandarine. Offensichtlich hatten die Gottesanbeter-Gemeinden Flüchtlinge aufgenommen, die verfolgt worden waren. Es handelte sich vor allem um verfolgte Hakka. Verfolgt wurden diese von den landbesitzenden Punti, eine Bevölkerungsgruppe, die länger als die zuge-wanderten Hakka in der Gegend wohnte. Die Truppen der Mandarine hätten sich auf die Seite der Punti gestellt. „Halb Räuber, halb Flüchtlin-ge", so charakterisiert Oehler die Schutzsuchen-den (76). Dass die Krise sich gerade jetzt zuge-spitzt habe, hänge auch mit dem Kaiserwechsel in Peking zusammen (von Kaiser Chengdi zu Kai-ser Xiandi). Offenbarungen in der Gemeinde, so formuliert Oehler unscharf, hätten dazu geführt, dass Hong Xiuquan seine Familie samt weiterer Verwandtschaft in das Distelgebirge habe holen lassen. Der Visionär Yang müsse durch Prophe-zeiungen die Bereitschaft zum bewaffneten Wi-derstand zusätzlich geschürt haben (75-77).

Der Aufstand in der Provinz Guangxi (77-83)

Nach Oehler wird im Sommer 1851 in der Stadt Yongan die neue Dynastie der Taiping gegrün-det. Hong Xiuquan habe den Titel Himmelsfürst angenommen und seine wichtigsten Mitstreiter
166

zu Königen berufen. Der wichtigste unter ihnen sei der sogenannte Ostkönig. Dieses Amt habe Yang Xiuqing erhalten. Er war damit der Stellvertreter des Kaisers. Oehler erklärt dies, indem er die Vermutung ausspricht, Yang habe beim Ausbruch der Rebellion eine entscheidende Rolle gespielt. Jedenfalls war er es, der „aus der Bauerngemeinde ein schlagfertiges Heer" schuf (78). Er war es auch, der die Gläubigen „einen großen Marktort" besetzen ließ, in dem ein wichtiger Gegner der Gottesanbeter viel Besitz besaß. Den Flüchtlingen wurden die Pfandhäuser zugeteilt. Es wurde eine gemeinsame Kasse geschaffen, an die die Gläubigen ihre Vermögenswerte abgeben mussten. Alle Bedürfnisse wurden von dieser Generalkasse gedeckt. Hier spricht Oehler von religiösem Fanatismus (79).

Von den Regierungstruppen wird dieser Startort eingeschlossen. Wegen Lebensmittelknappheit muss er aufgegeben werden. Die Regierungstruppen erobern ihn jetzt und richten ein grausames Blutbadunter den Zurückgeblieben und den örtlichen Anhängern an. Die Gottesanbeter waren fortan Rebellen (79).

Im Folgenden kommt Oehler auf die Möglichkeit zu sprechen, die Hong Xiuquan gehabt hätte, nämlich mit der sogenannten Trias-Gesellschaft ein Bündnis zu schließen. Diese Gesellschaft bot Schutz vor Räuberüberfällen an und war extrem mandschufeindlich. Für Hong hätte ein solches Bündnis erhebliche Verstärkung gebracht. Es wäre aus politischen Gründen klug gewesen. Hong habe auf das Bündnis verzichtet, weil er ein Heer haben wollte, das seinem religiösen Glauben entsprach. Oehler wertet also diese Entscheidung als eine Entscheidung aus religiöser Überzeugung und beschreibt anschließend die Regeln für das Heer, die Hong Xiuquan vorgab. Unter anderem sollten seine Kämpfer die Zehn Gebote lernen und achten, auf Opium und Wein verzichten, den himmlischen älteren Bruders Jesus ehren (81-82).

Sodann kehrt Oehler zur Beschreibung der weiteren kriegerischen Entwicklung zurück: die

Stadt Yongan wird erobert und die neue Dynastie wird ausgerufen. Die kaiserliche Regierung habe nun wahrgenommen, dass der lokale Aufstand sich zu einer gefährlichen Revolution entwickelt habe.

Das Kapitel ist ganz uneinheitlich. Nur die Interessen von Oehler werden deutlich. Ihm liegt daran, die religiösen Momente der Anfangsgeschichte klar herauszustellen.

Die neue Dynastie der Taiping (84-89)

Oehler knüpft an bereits Erwähntes an, nämlich an die Ausrufung der neuen Dynastie in Yongan. Er interpretiert diesen Prozess von der chinesischen Praxis der Dynastiewechsel her. Es geschehe eigentlich nur das, was bei einem Dynastiewechsel in China immer üblich gewesen sei. Der „Sohn des Himmels" sei immer schon Bezeichnung und Funktionszuweisung für den Kaiser gewesen. Der Große Friede, was Taiping meint, sei Anknüpfung an das konfuzianische

Regierungsideal. Gleichzeitig weist er auf Besonderheiten hin, etwa die Vermeidung von „Ti" als Teil des Kaisertitels. Ti ist für Hong Xiuquan der Name des einen und einzigen Gottes (Shangdi). Er nennt sich bescheiden, wie Oehler meint, Tienwang (Himmelsfürst) (85). In diesem Zusammenhang kommt er auf die Einführung eines Harems für sich, den Kaiser, und die nachgeordneten Könige zu sprechen. Er erklärt dies als notwendiges kaiserliches Attribut, das dem Alten Testament ja nicht vollständig widerspreche. Der Abschnitt schließt mit Explikationen der geforderten Moral und zu beachtenden Sitten der Truppe, die deutlich religiös fundiert seien. Zu den äußerlichen Neuerungen zähle schließlich dann auch die Haartracht: Abschaffung von Kopfrasur und Zopf nach dem Qingstil. Manches, so das von ihm gezogene Fazit, was für europäische Beobachter merkwürdig sei, erkläre sich aus der spezifischen Anknüpfung an genuin chinesische Traditionen, die auf christlicher Grundlage entsprechend verändert würden.

Der Zug nach Nanking (89-95)

Im letzten Teil des Kapitels behandelt Oehler den Zug nach Nanking und die Eroberung der alten Hauptstadt. Dass die Kaiserlichen und die Taiping in der Grausamkeit des Umgangs mit dem Gegner einander nicht nachstanden, sei ausreichend belegt. Für die Qing-Dynastie sind die Aufständischen allein deshalb, weil sie Aufständische sind, dem Tod verfallen. Oehler meint, die absolute Gehorsamspflicht dem Herrscher gegenüber sei konfuzianisch. Theoretisch ist dies im Konfuzianismus allerdings höchstens angelegt. Als politischer Konfuzianismus der Mandarin-Elite kann sich dies so ausgewirkt haben. Die Zusammenhänge sind hier sicher komplizierter als Oehler andeutet.

Im Blick auf die Taiping geht Oehler davon aus, dass sich ein radikaler Widerstand gegen die Mandschu ausgebildet habe, der deren Vernichtung gefordert habe. Dazu sei eine religiöse Komponente dergestalt dazuzubekommen, dass alle Götzenanbeter als dem Tode verfallen verstanden worden seien. Alttestamentliche Parallelen werden angeführt. So richtet sich die Vernichtungswut immer auch auf die Tempel und ihre Priester; dabei werden in erster Linie buddhistische Tempel genannt. Ferner richtet sich auch der Vernichtungswille gegen Katholiken, wenn man sie vereinzelt gefunden habe. Der Gegensatz zwischen Protestanten und Katholiken sei so ausgeprägt gewesen, dass man sie schon gar nicht als einheitliche christliche Glaubensform wahrgenommen habe. Unterschiedliche Übersetzungen von „Gott" werden mit als Ursache genannt (93).

Die Eroberung von Nanking führt in der Stadt zu einem grausamen Ende der Mandschu-Bevölkerung und der Mandschu-Anhänger wie auch zum Ende des Buddhismus in der Stadt. Oehlers Darstellung neigt leicht, bei allem Abstand zu solcher Kriegsführung, dazu, auch Verstehen zu entwickeln, eben dadurch, dass historische und kulturelle Hintergründe aufgezeigt werden.

Kapitel 5: Das Reich der Taiping, 96-164

Die Theologie des Tienwang und der Untergang des Yang (96-107)

Der erste Abschnitt hat zwei Themen, einmal die Auslegung protestantischer Traditionen durch Hong, den Himmelsfürsten(Tienwang) und die Auseinandersetzung mit dem pentekostalen Visionär Yang Xiuqing, der nach und nach die Herrschaft über das Taiping-Reich angestrebt hat (96-107).

Oehler spricht von der Theologie von Hong, wobei er zunächst auf dessen Art und Weise der Herrschaftsausübung eingeht. Der Himmelsfürst zieht sich aus der direkten politischen Arbeit zurück und umgibt sich in einem prächtigen Palast mit kaiserlichem Prunk. Das Selbstbild als neuer Kaiser Chinas verlange dies von ihm. Er baut einen Harem auf, ähnlich den Pekinger Kaisern, verkehrt nach außen nur mit Erlassen, selbst die engsten Mitstreiter werden zu einem Distanz schaffenden Verehrungsritual angehalten. Nach Oehler bleibt er aber politisch aktiv und ohne

Frage anerkannt. Er betont, dass dieses Verhalten, das den Kaiser-Anspruch zum Ausdruck bringt, im chinesischen Kontext zu interpretieren sei. Er ist ja der Erste einer neuen Dynastie.

Zentrale Mitte seines Amtes sei die Auslegung der christlichen Tradition, die Sorge um den Bibeldruck und die Entwicklung einer künftigen Struktur der Beamtenausbildung unter Aufnahme konfuzianischer Traditionen, überformt durch den neuen Glauben. Einer der Zentralpunkte sei dabei die Trinitätslehre, die Hong aber nicht in der von den Missionaren vertretenen Weise übernehme, sondern in ihrer einfacheren Gestalt, wie sie im Neuen Testament begegnet.

Der Machtkampf mit dem Ostfürsten Yang Xiuqing entwickelt sich denn auch geradeüber die Trinitätslehre. Yang, der von Visionserfahrungen geleitet bleibt, versteht sich als Verkörperung des Heiligen Geistes und sieht sich berechtigt, dem Himmelsfürsten Hong Weisung zu erteilen, ihn gar zu bestrafen.

Hong ist stark genug, dem entgegenzutreten. Er befiehlt dessen Ermordung oder besser Exekution durch den Nordfürsten (1856). Dieser metzelt nicht nur Yang selbst nieder, sondern auch seine Familie und die Anhänger. Weil dies mit Hong nicht abgesprochen war, wird auch er getötet. Die Beendigung der Palastrevolution bedeutet die Sicherung der Alleinherrschaft von Hong Xiuquan. Ob man mit Oehler von einem „reinigenden Gewitter" sprechen kann, soll offenbleiben. Oehler urteilt, die Zeit des Fanatismus sei damit vorbei gewesen (106).

Religion und Sittlichkeit im Taiping-Reich und die Reform des Hong Rengan (107-128)

Der Abschnitt ist vielgestaltig. Er beginnt mit der Beschreibung der sozialen und sittlichen Situation der Heere: An den Kern hätten sich vielfältige Elemente angegliedert, die über ethische Normen kaum steuerbar gewesen seien: Räuber und Horden aller Art. Dies habe zu entsprechenden Raubzügen geführt. Oehler wehrt sich aber gegen Behauptungen, dies alles sei für die Taiping insgesamt kennzeichnend. In diesem Zusammenhang kommt er auf die Eroberung von Ningbo zu sprechen (109f.): Nirgends mutwillige Zerstörungen, so ein Missionar, Achtung der Ausländer und Respekt vor christlichen Häusern. (Offensichtlich haben Karl Marx ganz andere Berichte vorgelegen.) Anschließend geht es um die Situation in der Hauptstadt (110ff.). Durchgesetzt hätten sich einerseits Mehrfrauenhaushalte, aber andererseits auch eine große Sicherheit für Frauen auf den Straßen von Nanking. Man könne von einer neuen Sittlichkeit in der Hauptstadt sprechen, die eine religiöse Grundlage habe, insbesondere in Festen und Feiern zum Ausdruck kommend (111), auch in Kirchbauten: Bethäuser als Hallen des Himmlischen Vaters (112). Die Feiern, zum Teil Prunkfeiern, werden genau nach Missionarsberichten beschrieben. Oehler geht davon aus, dass die christliche Lehre beim einfachen Volk nicht sehr verbreitet war, wohl aber bei den Offizieren und Beamten (115).

Der folgende Teil ist den Reformversuchen von Hong Rengan gewidmet (116-128). Hong Rengan hätte die engsten Kontakte zur Basler Mission gehabt, und zwar über den Missionar Theodor Hamberg. Hong Rengan sei auch nach einem vorliegenden Bericht am besten mit dem protestantischen Christentum vertraut gewesen, habe sogar als Prediger gewirkt, zuletzt in Shanghai. Ab Anfang 1859 ist er in Nanking, sieht sich aber einem ganz anderen Hong Xiuquan gegenüber als seinem Vetter von früher. Er begegnet jetzt dem Kaiser, der auch ihm gegenüber die Führungsrolle behält. Er wird als „Schildfürst" eingesetzt, muss sich mit mehreren Frauen verheiraten, seine Reformschriften werden vom Kaiser genau kontrolliert, obwohl er eigentlich in seiner neuen Würde nicht nur Heerführer, sondern Erster Staatsminister ist. Seine Einflussmöglichkeiten sind also begrenzt. Er strebt indessen eine theologische Annäherung an den Protestantismus der Missionare an. Er strebt darüber hinaus ein weitgehendes Reformprogramm für die Gesellschaft und das Staatswesen an: Modernisierung durch Übernahme europäischer Erfahrungen und Techniken, wie sie im Qing-Reich erst Jahre später geplant werden. Erstrebt ein gutes Verhältnis zu den Europäern an, ist offen für den Handel, aber auch nicht zuletzt offen für die christlichen Lehrtraditionen Europas (zum Reformprogramm besonders 123f.). Die politischen Entwicklungen um 1862 hätten das Ende dieser Hoffnungen bedeutet. Die Erfahrungen während der Schlacht um Shanghai würden einen Einschnitt bilden.

Die Missionare in Nanking (128-139)

Oehler beschreibt die vielfältigen Kontakte von Missionaren zu den Taiping, englischen und auch amerikanischen. Einer der wichtigsten ist der Missionar Edkins und natürlich der amerikanische Baptist Roberts. Roberts war längere Zeit in Nanking, wohnte im Palast des Kanwang, des Schildfürsten, also von Hong Rengan, zu dem er bereits früher Kontakt gehabt hatte. Roberts wurde sogar Amtsträger, zuständig für auswärtige Angelegenheiten und Kriminalsachen. Er sollte für eine Verbesserung der Beziehungen zu den Ausländern sorgen, was letztlich gescheitert ist. Dies könne der Grund dafür sein, dass er Nanking verlassen hat, eher aus Nanking geflohen ist.

Hong Rengan habe in seiner Anfangszeit ausführlich, auch schriftlich, den Missionaren Rechenschaft abgelegt, so etwa in der Gestalt eines ausgefüllten Fragebogens. In Verhandlungen mit ihm hätten die Missionare freie Missionstätigkeit gefordert – und erhalten –, ohne dass tatsächlich die Realisierung möglich geworden wäre. Die freie Mission sei auch für die Katholiken gefordert und dann zugesagt worden.

Oehler arbeitet heraus, dass die Missionare als belehrende Theologen zu den Taiping gegangen sind. Vor allem sollte die Lehre von der Dreieinigkeit vermittelt werden, die Gottessohnschaft von Jesus Christus in der Einheit mit dem Vater. Einzelne Missionare hätten den Taiping Arianismus vorgeworfen. In diesen Zusammenhang gehört dann auch das Interesse, die Rolle des Himmelsfürsten neu zu definieren, besonders seine theokratischen Vorstellungen zu verändern. Auch Roberts sei darum bemüht gewesen, allerdings erfolglos, die visionären Erfahrungen des Anfangs seien dominant geblieben, eben in der Auslegung von Hong Xiuquan. Es gab für ihn keine zweite Autorität in religiösen Angelegenheiten. Er hatte das letzte entscheidende Wort, auch dem Schildkönig gegenüber, erst recht dann Roberts gegenüber. In diesem Zusammenhang betont Oehler die theokratische Komponente der *chinesischen* Kaisertheorie (Himmelssohn) als Ausgangspunkt für den Tienwang, von ihm visionär und protestantisch umgeformt. Er, der Himmelsfürst, ist weltlicher und geistlicher Herrscher in einem. Die Missionare hätten in ihren Verhandlungen angesichts solcher dogmatischer Irrlehren die Evangelisierung nicht mehr aus der Hand geben wollen. Roberts seinerseits habe das theokratische Konzept des Tienwang, des Himmelsfürsten, nicht ernst genommen, so Oehler (137).

Der „Fürst der Treue" und die Politik der „Alliierten" (139-164)

Der Abschnitt ist zweigeteilt: Im ersten Teil, 139-45, beschäftigt sich Oehler im Wesentlichen mit den letzten Jahren des Fürsten der Treue, des Tschungwang, also mit Li Xiucheng. Er ist ein ganz früher Vertrauter von Hong Xiuquan, noch aus der Zeit im Heimatdorf. Wichtiger ist noch, dass er der bedeutendste General der Taiping geworden ist, Eroberer von Suzhou, wo er einen Palast hatte und das Stadtwesen im Sinne der Taiping ordnete. Li war derjenige, der den Versuch unternommen hatte, Shanghai, in erster Linie die dortige Chinesenstadt, zu besetzen. Er greift die Stadt zunächst nicht an, sondern erinnert die französischen und englischen Führer durch Proklamationen daran, dass sie im gemeinsamen christlichen Glauben verbunden seien und die Taiping nicht gegen Glaubensbrüder kämpfen möchten. Und, zuverlässigen Berichten folgend, hätten die Taiping-Truppen wirklich regungslos vor Shanghai verharrt, auf eine Verhandlungen eröffnende Antwort der britischen und französischen Kommandanten wartend. Bei den Franzosen sei eine solche auch unter Einfluss katholischer Priester, bei den Engländern im Interesse des Opiumhandels bzw. des Handels ganz allgemein nicht gegeben worden. Auch nach Angriffen auf die Taiping-Armee sei zunächst nicht zurückgeschossen worden. Bei der Truppe sei allerdings ein gefährliches Rachepotential entstanden. Die kaiserlichen Truppen unter der Führung des britischen Offiziers Gordon hätten schließlich in der Schlacht um Shanghai die Oberhand gewonnen. Auch Suzhou sei zurückerobert worden. Nanking wurde damit zum erreichbaren Ziel der kaiserlichen Armee. Li sei sich bewusst gewesen, dass Nanking nicht zu halten sei. Er habe den Himmelsfürsten zu überreden versucht, Nanking zu verlassen. Dieser habe dies in letzter Entschlossenheit abgelehnt. 100 000 Menschen seien bei der Rückeroberung von Nanking umgekommen. Über das Ende des Himmelsfürsten wisse man nichts ganz Genaues. Es werde vermutet, dass er sich selbst durch Gift getötet habe. General Li Xiucheng wurde auf der

Flucht gefangen genommen. Der General der kaiserlichen Truppen lehnte seine Überführung nach Peking ab. Man gab ihm Zeit, in wenigen Tagen seine Autobiographie im Gefängnis niederzuschreiben. Er starb durch Enthauptung. Nur noch als Mörderbande seien jetzt die Taiping wahrgenommen worden. Die südlichen Heere der Taiping seien erst in Kämpfen, die bis 1866 andauerten, niedergerungen worden. Mehr und mehr hätte sich unter den Missionaren eine radikale Ablehnung der Taiping entwickelt.

Oehler fasst sodann auf den folgenden Seiten die öffentlich geäußerten Argumente gegen die Anerkennung und Unterstützung der Taiping zusammen:

Im politischen Bereich habe das Kosten-Nutzen Kalkül eine Rolle gespielt: Durch die Übernahme von Vertragshäfen durch die Taiping wären Einnahmen entfallen.

Als weitere vorgebrachte Argumente gegen die Taiping nennt er vier Punkte:

1. Die Gräueltaten der Taiping seien uner-
   messlich groß. Ein Vergleich mit den Kaiserlichen werde indessen von den Vertretern dieses Arguments nicht gemacht.

2. Die Taiping würden Gotteslästerung be-
   gehen. – Dies werde insbesondere an den
   visionären Eingebungen des Yang, des
   Ostfürsten, festgemacht. Die Trinitätslehre werde nicht respektiert.

3. Die Taiping hätten die Polygamie vertreten. Selbst der Schildfürst (Hong Rengan)
   habe polygam gelebt. Auch der bekannte
   Sinologe und Missionar Dr. Legge habe
   dies scharf kritisiert.

4. Die Taiping seien überhaupt nicht regie-
   rungsfähig. Demgegenüber verweist Oehler auf die Entwicklung in Suzhou, wo bin-
   nen kurzer Zeit ein blühendes Gemeinwesen entstanden sei. Es sei bei der Wiedereinnahme durch die Kaiserlichen gnaden-
   los zertrümmert worden. Zur Regierungs-
   unfähigkeit, so ein weiteres Argument der

Taiping-Gegner, trage auch ihre feste Bindung an ihr Glaubenssystem bei, nämlich deshalb, weil sie dieses als Ganzes durchsetzen wollten. Oehler fragt, um welches Glaubenssystem es dabei gehe, und antwortet: um das Christentum. Die Einführung des Christentums in China sei in der Tat das Ziel der Taiping-Bewegung gewesen. Dies sei keineswegs ein unrealistisches Ziel gewesen, nicht schwieriger und problematischer als die Einführung des Christentums durch Konstantin im Römischen Reich. Selbst der von den Missionaren bekämpfte Ahnenglaube habe abgebaut werden können.

Ein letzter Gedanke Oehlers gilt der Bedeutung des Wortes Jesu: Wer das Schwert nimmt, wird durch das Schwert umkommen. Dieses Wort Jesu sei wahr geworden. Indessen müsse man die Taiping auch verstehen, sie seien dem theokratischen Charakter des Herrschaftssystems in China verpflichtet geblieben. Oehler meint, dies sei konfuzianisches Erbe, gerade auch die Durchsetzung eines Ideensystems durch die politische Macht.

Dann aber formuliert er gleichsam als Fazit:

„Durch das Christentum bekam der Kampf gegen die Abgötterei Richtung und Klarheit. Christlich war die Reinigung, die man in der Taufe begehrte, die Sühne für die Sünden, für die man den himmlischen Bruder pries, der Beistand des Geistes, den man zum guten Wandel erbat. Aus dem Christentum stammten die Zehn Gebote, die man als Richtschnur des Lebens annahm. War auch vieles nur äußerlich angeeignet, nicht innerlich erfaßt, und blieb das Christentum der meisten doch auf einer gesetzlichen Stufe, so war doch Bescheidenheit und Bereitwilligkeit zu lernen gerade bei den Besten vorhanden, und der ursprüngliche Gedanke des Gottesreichs, das sich auf China beschränkte, wich mehr und mehr dem Bewußtsein des Zusammenhangs mit der ganzen christlichen Kirche. Ernste und weitblickende chinesische Christen, deren es damals noch wenige gab, sahen darum die Taiping als Brüder an." (163)

Als erstes Resümee kann formuliert werden: Ziel Oehlers für seine missionswissenschaftliche Abhandlung war es, das missionarische Urteil über die Taiping-Bewegung richtigzustellen (154). Vor allem durch seinen Ansatz, das protestantische Christentum der Taiping im Kontext chinesischer Denktraditionen und damit chinesischer politischer Ordnungen zu interpretieren, ist ihm dies sicherlich gelungen. Ob das Taiping-Modell je hätte erfolgreich werden können, bleibt eine offene Frage. Dass sich protestantisches Christentum bei den Taiping zu verwirklichen suchte, ist dagegen kaum in Frage zu stellen.

Noch ein zweites Mal hat Wilhelm Oehler sich literarisch mit den Taiping befasst, nicht mehr missionswissenschaftlich, sondern seine eigene

Arbeit für ein breiteres Publikum popularisierend:

Wilhelm Oehler 1958, Aufstand in China – Die Geschichte der Taiping vor hundert Jahren, Hamburg: Agentur des Rauen Hauses.

Anlass war das Gedenken an den 100. Todestag des ersten Missionars der Basler Mission in China, des Schweden Theodor Hamberg, des Gründers der Hakka-Kirche. Hamberg war, wie bislang hinreichend berichtet worden ist, eine Zeitlang eng mit Hong Rengan verbunden. Dieser hatte ihm über die missionarischen und politischen Anfänge von Hong Xiuquan berichtet. Zur Erinnerung: Im Jahr 1854 veröffentlichte das „Magazin für die neueste Geschichte der evangelischen Missions- und Bibelgesellschaften" die Fassung des Berichts von Hamberg. Neben der

Arbeit von Meadows war dies die erste größere Veröffentlichung zu Hong Xiuquan.

In der Zeit, als Oehler in China war, hatte er noch Kontakte zu Menschen, die in der Zeit zwischen 1851 und 1964 in ihrem Alltag von den Taiping erfahren oder Auswirkungen der Kriege erlebt haben (W. Oehler 1958, 8). Die Veröffentlichung ist eine Würdigung für Hamberg. Sie zeigt auch, dass Oehler die Taiping-Bewegung über die Jahre hinweg nicht losgelassen hat, nicht zuletzt unter dem Aspekt des Versagens der Mission und der europäischen Politik angesichts der Herausforderungen, die die protestantisch geprägte Taiping-Bewegung darstellten. Vielleicht spielte bei dem frommen württembergischen Missionar noch etwas anderes eine Rolle: das Schweigen Gottes angesichts des Untergangs der Taiping, ein Schweigen, das Rudolf Otto das Mysterium tremendum genannt hat.

Die kleine populäre Zusammenfassung der Lizentiatenarbeit von Oehler ist in Deutschland nicht die einzige populäre Veröffentlichung zu den Taiping geblieben: 1979 erschien der Roman von Erwin Wickert, einstmals deutscher Botschafter in Peking, Der Auftrag des Himmels. (Erwin Wickert 1979, Der Auftrag des Himmels – Ein Roman aus dem kaiserlichen China, Stuttgart: Deutsche Verlags-Anstalt). Da sich meine Rezeptionsanalyse auf die Basler Mission beschränkt, muss dieser Hinweis genügen.

Die Rezeptionstraditionen als Forschungsgegenstand

Der Schwerpunkt der vorgelegten Untersuchung liegt bei der Rezeption der Taiping-Bewegung durch europäische und chinesische Beobachter und Beurteiler von den zeitgenössischen Anfängen bis in die Gegenwart, allerdings mit unterschiedlichen Schwerpunkten. Die Auswahl der

Rezeptionstraditionen berücksichtigt zwei unter vielen anderen. Die ausgewählten Rezeptionstraditionen, die protestantische und die marxistisch-staatskommunistische, vertreten gewissermaßen je unterschiedlich „ideologische" Wahrnehmungen.

Dabei ist zu beachten, dass die verwendeten Quellen verschiedenartige literarische Gattungen darstellen.

Auf der Seite der Basler Mission handelt es sich um *Berichte* aus dem chinesischen Missionsfeld, zugleich um immer wieder eingefügte *Aufsätze*, beide Gattungen vom Interesse an der Mission bestimmt, aber keineswegs theologisch oder erbaulich überformt, unterschiedlichen Beurteilungen der Taiping das Wort gebend.

Die zeitgenössische Rezeption wird ergänzt durch eine missionswissenschaftliche Untersuchung, als Lizentiatenarbeit von der Theologischen Fakultät der Universität Tübingen angenommen, veröffentlicht 1923, also in gutem Abstand von den Geschehnissen. Eine spätere popurwissenschaftliche Fassung der Arbeit desselben Autors aus den 1950er Jahren kommt hinzu.

Die Quellen der marxistisch-staatskommunistischen Linie sind journalistische Berichte und Stellungnahmen von Karl Marx und Friedrich Engels, zumeist auf Karl Marx zurückgehend, aus den 1850er und den frühen 1860er Jahren, also zeitgenössisch zu den Taiping-Kriegen.

Sie werden ergänzt durch Hinweise auf frühe Arbeiten von Mao Zedong, insbesondere aber durch die wissenschaftliche Untersuchung eines Autorenkollektivs aus der Endzeit der Kulturrevolution in der Volksrepublik China (1966-1976).

Die gegenwärtige Sicht staatschinesischer Geschichtsschreibung wird durch einen kurzen Internetaufsatz repräsentiert. Beide jüngeren Texte stellen die staatskommunistisch approbierte Sicht dar. Immerhin handelt es sich um Abhandlungen, die wissenschaftlich als gesichert gelten wollen.

Beide Traditionen der Rezeption vermitteln ein Bild von den Taiping, das die Komplexität des Phänomens selbst erkennen lässt. Als besonders wichtige Einflussfaktoren mögen die folgenden benannt werden:

- Gesellschaftlich-ökonomische Faktoren, wie die Situation von Kleinbauern und Kleinhanderkern, der ökonomische Einfluss von Importwaren aus Europa, der Opiumhandel oder die Entstehung einer chinesischen frühkapitalistischen Wirtschaftsordnung.

- Politische Faktoren, wie der Hass gegen die Fremdherrschaft der Mandschu-Dynastie, die negativen Erfahrungen mit der konfuzianisch geprägten Beamtenschicht der Mandarine, der wachsende Einfluss ausländischer Mächte.

- Militärische Faktoren, wie die Probleme der Kriegsführung, der Logistik, der Moral der Truppen, der Organisation der Verbände, der ethnischen Zusammensetzung der Soldaten, der Macht der Heerführer, die strategische Kunst der Generäle, der militärisch Verbündeten.

- Religiöse Faktoren, wie die Stellung zu Konfuzianismus, Buddhismus, Volksreligion, Ahnenkult, die Berufungsvisionen, der Einfluss von protestantischen Missionaren, die Formender Bibelfrömmigkeit, die Ausbildung eines theologischen Lehrsystems, das Verhältnis zu den Dogmatiken des westlichen Christentums.

Eine wissenschaftliche Darstellung müsste im Grunde solche Faktoren insgesamt berücksichtigen. Die Grenzen beim Erfassen von Komplexitäten sind aber immer unübersehbar. So folgen die Rezeptionslinien eher je spezifischen Interessen der Rezipienten.

Auffallend ist, welche Bedeutung in den staatskommunistischen Veröffentlichungen der militärische Faktor hat. Über die Operationen der Generäle und ihrer Armeen wird ausführlich berichtet. Es dürfte kaum überraschend sein, dass dieser Faktor in Beobachtungen der Basler Mission keine herausragende Rolle spielte. Entsprechendes gilt für den ökonomischen Faktor. Hier muss man schon Karl Marx zu Rate ziehen.

Wenig überraschend ist, dass der religiöse Faktor in der Basler Rezeptionslinie weit dominiert.

Wer die Taiping verstehen will, muss jedenfalls für alle genannten Faktoren offen sein. Dies gilt nun insbesondere auch für den religiösen Faktor. Klar erkennbar ist, dass er in der kommunistischen Rezeption mehr oder weniger marginalisiert wird, zum Teil einfach übergangen, übersehen oder auch uminterpretiert. Andererseits besteht auch die Gefahr, den religiösen Faktor zu überschätzen, ihm gegenüber etwa die Bedeutung von Soziallagen zu wenig zu berücksichtigen.

Die Interessenorientierung der einzelnen Quellentexte wird in diesen eher selten explizit benannt. In den Publikationen der Magazine aus Basel kann der Leser davon ausgehen, dass der religiöse Faktor im Vordergrund steht. Das Profil der Zeitschrift bestimmt die Interessenlage der Berichte und Abhandlungen mit. Für Karl Marx und Friedrich Engels ist es der praktisch-philosophische Kontext, der von vornherein Sichtweisen steuert. Das „Kommunistische Manifest" ist nur drei Jahre vor Beginn der Taiping-Revolution veröffentlicht worden. Entsprechendes gilt für Mao Zedong und seine einschlägigen Arbeiten. Für die anderen ist es der Verlag oder der staatliche Rundfunksender, der die Interessenorientierung vorgibt und erkennbar macht.

Nur in einer einzigen meiner Quellen werden die Intentionen des Verfassers klar angegeben, nämlich in der missionswissenschaftlichen Arbeit von Oehler. Er will das negative Urteil über die Taiping, das sich in Missionskreisen gebildet hat, zu revidieren versuchen. Er will ein neues Verständnis für die Taiping-Bewegung ermöglichen. Eine solche Zielsetzung setzt für ihn Kenntnisse der chinesischen Religion, des Christentums und der Missionsgeschichte voraus. Bereits an diesen methodischen Voraussetzungen wird erkennbar, dass er dem religiösen Faktor besondere Bedeutung zumisst und genau diesen bearbeiten will. Sein Interesse ist deutlich missionswissenschaftlich.

Es bleibt noch die Frage meines eigenen Interesses. Angesichts der Ergebnisse der neueren Forschung zeigte sich für mich im Blick auf die Taiping, dass es sich bei ihnen um eine politische Bewegung gehandelt hatte, die zu einem Dynastiewechsel führen sollte, und zugleich um eine religiöse Bewegung, die auf der Grundlage des von protestantischen Missionaren vermittelten Christentums zur Ablösung der allein konfuzianisch geprägten Staatsideologie zu Gunsten einer neuen protestantisch grundierten führen sollte. In dieser Staatsideologie sollten Elemente der Gleichheit aller Menschen, auch der Gleichheit von Mann und Frau, zur Geltung kommen und eine gesellschaftliche Ordnung im Sinne eines frühchristlichen Kommunismus als Ziel politischen Handelns wirksam werden.

Von daher stellte sich mir die Frage nach der Wahrnehmung der Taiping-Revolution durch die

Zeitgenossen und in späteren Dokumenten, die Frage danach, ob die Taiping als protestantische Christen gesehen wurden oder einfach als Revolutionäre, die ein neues China vorbereiteten, oder als protestantische Revolutionäre oder einfach nur als Bauernrebellen, wie es sie in China immer schon gegeben hat.

Literatur

Quellentexte

Basler Mission

Magazin für die neueste Geschichte der evangelischen Missions- und Bibelgesellschaften, Basel: Verlag des Missions-Institutes 1816 – 1856 (MNGEM), Vol. 39 (1854) bis Vol. 41 (1856).

Evangelisches Missions-Magazin. Neue Folge. Herausgegeben im Auftrag der evangelischen Missionsgesellschaft von Dr. Albert Ostertag, Basel, im Verlag des Missions-Comptoirs. In Commission bei J.J. Steinkopf in Stuttgart (EMM)

Wilhelm Oehler, 1923, Die Taiping-Bewegung – Geschichte eines chinesischen Gottesreichs, Gütersloh: Verlag Bertelsmann

Wilhelm Oehler 1958, Aufstand in China – Die Geschichte der Taiping vor hundert Jahren, Hamburg: Agentur des Rauen Hauses

Auch:

Thomas Taylor Meadows, Die Revolution in China in ihrer Entstehung, ihrer politischen und religiösen Bedeutung und ihrem bisherigen Verlauf. Nebst Darstellung des auf christlicher Grundlage beruhenden Religionssystems der Insurgenten. Bearbeitet von J. Neumark. Berlin: Heinrich Schindler 1857

Chinesische staatskommunistische Tradition

Mao Tse-tung 1939, The Chinese Revolution and the Chinese Communist Party, in: Mao Tse-tung, Selected Works, Volume 2(https://www.marxists.org/reference/archive/mao/selected-works/volume-2/msw_23htm (07.10.2016))

Marx / Engels: Werke, Band 1-43, ab 1956, Berlin: Dietz Verlag

Die Taiping-Revolution 1977, zusammengestellt vom Kollektiv für die „Serie der Geschichte des modernen China", Peking: Verlag für die fremdsprachige Literatur

Der Taiping-Bauernkrieg, Chinesische Geschichte, Kapitel 9: Ausländische Aggressionen und die altdemokratische Revolution (1840.1919), 9.2: Die Taiping Revolution (http://german.cri.cn/other/chinageschichte/92.htm (28.03.2018))

Sekundärliteratur

Eugene Powers Bardman 1972, Christian Influence on the Ideology of the Taiping Rebellion, 1851-1864, New York: Octagon Books

Peter Barry 2011, Sun Yat-sen and Christianity, Holy Spirit Study center, Tripod, Autumn 2011

Vol. 31 – No.162, 100th Anniversary of Xinhai Revolution

Wolfgang Bauer 1974, China und die Hoffnung auf Glück, München: Deutscher Taschenbuch Verlag

Christopher A. Bayly 2008, Die Geburt der modernen Welt, Frankfurt am Main: Campus (EBook-Ausgabe)

Nicole Constable 1994, Christian Souls and Chinese Spirits: A Hakka Community in Hong Kong, Berkeley: University of California Press, dort: The Taiping Rebellion

Karl-Fritz Daiber 2010, Konfuzianische Transformationen – Eine religiöse Tradition in der Moderne Indonesiens, der Philippinen, Vietnams und Südkoreas, Berlin: LIT Verlag

Karl-Fritz Daiber 2016, Konfuzianisches und anderes religiöses Leben in der südwestchinesischen Provinz Yunnan, Berlin: LIT Verlag

Karl-Fritz Daiber 2017, Protestantismus und konfuzianische Kultur – Aspekte ihrer Zuordnung in China und Südkorea, Berlin: LIT Verlag

Wolfgang Franke 1954, *Die Stufen der Revolution in China*, Vierteljahrshefte für Zeitgeschichte, Jahrgang 2 (1954), Heft 2, 149-176

Jacques Gernet 1983, Die chinesische Welt, 1979, 2. Aufl.1983, Frankfurt am Main: Insel Verlag

Nicholas F. Gier 2014, The Origins of Religious Violence – An Asian Perspective, Lanham/Boulder/New York/London: Xington Books

Thoralf Klein 2004, *Lutherische Mission und chinesische Kultur: Karl F. A. Gützlaff, Richard Wilhelm und Karl Ludwig Reichelt*, Hans Medick, Peer Schmidt (eds.), Luther zwischen den Kulturen, Göttingen: Vandenhoeck & Ruprecht: 373-395

Thoralf Klein 2004, *Die Basler Mission als transkulturelle Organisation: Der Konflikt zwischen autoritärer Führung „von oben" und synodaler*

Partizipation „von unten" im Prozess der kirchlichen Indigenisierung, 1860-1930, Artur Bogner, Bernd Holtwick, Hartmann Tyrell (Hrsg.) 2004, Weltmission und religiöse Organisationen, Ergon: Würzburg, 639-663

Thoralf Klein und Reinhard Zöllner (eds.) 2005, Karl Gützlaff (1803-1851) und das Christentum in Ostasien, Collectanea Serica, Sankt Augustin: Institut Monumenta Serica

Thoralf Klein 2005, *Gützlaff als Vorläufer einer indigenen chinesischen Kirche? – Kontrafaktische Überlegungen zum Zusammenhang von Christianisierung und Kulturwandel*, Thoralf Klein und Reinhard Zöllner (eds.,) 2005, Karl Gützlaff (1803-1851) und das Christentum in Ostasien, Collectanea Serica, Sankt Augustin: Institut Monumenta Serica, 233-255

J. F. Maclear 1995, Church and State in Modern History, New York: Oxford University Press

Jürgen Osterhammel 2016, Die Verwandlung der Welt, München: C.H.Beck (EBook-Ausgabe)

John A. Rapp 2008, *Clashing Dilemmas: Hong Rengan, Isaschar Roberts and a „Taiping" Murder Mystery*, Journal of Historical Biography 4 (Autumn 2008, 27-58)

Wilhelm Schüler 1912, Abriss der neueren Geschichte Chinas unter besonderer Berücksichtigung der Provinz Schantung: gekrönte Preisschrift, Berlin, Curtius

Jonathan D. Spence 1995, Chinas Weg in die Moderne, München: Carl Hanser

Jonathan D. Spence 1996, God's Chinese son – The Taiping Heavenly Kingdom of Hong Xiuquan, New York, NY: Norton

Lixin Sun 2002, Das Chinabild der deutschen protestantischen Missionare des 19. Jahrhunderts, Marburg: Tectum

Gerhard Thiedemann 2005, *Missionarischer Einzelgänger oder Visionär – Die Missionsmethoden Gützlaffs*, Thoralf Klein und Reinhard Zöllner (eds.) 2005, Karl Gützlaff (1803-1851) und das Christentum in Ostasien, Collectanea Serica,

Sankt Augustin: Institut Monumenta Serica, 193-229

Hartmut Walravens (Hg.) 2008, Richard Wilhelm (1873-1930) – Missionar in China und Vermittler chinesischen Geistesguts, Collectanea serica, Nettetal: Steyler Verl.

Gustav Warneck 1882, *Art. Missionen, protestantische unter den Heiden*, Real-Encyklopädie für Theologie und Kirche, Zehnter Band, Leipzig: J.C.Hinrichs'sche Buchhandlung, 33-102

Erwin Wickert 1979, Der Auftrag des Himmels – Ein Roman aus dem kaiserlichen China, Stuttgart: Deutsche Verlags-Anstalt

Wong Ching Him Felix 2012, *The Images of the Taiping Heavenly Kingdom as Shown in the Publications in France, Germany, and Italy during the Second Half of the Nineteenth Century, Journal of Chinese Studies, No.55, July 2012*, Hong Kong: Institute of Chinese Studies, The Chinese University of Hong Kong, The Chinese University Press, 139-174

Einige ausgewählte Texte aus der neueren chinesischsprachigen Forschungsliteratur, nicht berücksichtigt, aber mitteilungswert. Ich verdanke die Hinweise Dr. Zengli von der Universität für die Nationalitätenforschung, Kunming, so weit möglich übersetzt von Bettina Grieß, Leibniz-Konfuzius-Institut, Hannover.

夏春涛 Xia, Chuntao. 二十世纪的太平天国史研究 *Ershi shiji de Taiping Tianguo shi yanjiu* (Studien zur Geschichte des *Himmlischen Reichs des Großen Friedens* im 20. Jahrhundert)
历史研究 *Lishi yanjiu* (Historische Forschungen) 2000, 2, 162-181.
(Der Autor Xia Chuntao, geboren 1963, ist Wissenschaftler am Institut für die Geschichte der Neuzeit an der Chinesischen Akademie für Gesellschaftswissenschaften 作者夏春涛, 1963 年生, 研究员。中国社会科学院近代史研究所)

郭汉民 Guo, Hanmin. 太平天国与晚清政治 *Taiping Tianguo yu wan Qing zhengzhi* (Das Himmliche Reich des Großen Friedens und die Politik der späten Qing-Zeit)
历史研究 *Lishi yanjiu* (Historische Forschungen) 1993, 3, 42-53.
(Der Autor Guo, Hanmin, geboren 1945, ist außerordentlicher Professor am Institut für Kultur und Geschichte der Pädagogischen Universität Hunan 作者郭汉民, 1945年生, 湖南师范大学文史研究所副教授)

曹树基 Cao, Shuji. 太平天国战争对苏南人口的影响 *Taiping Tianguo zhanzheng dui Su nan renkou de yinxiang* (Der Einfluß des Krieges des *Himmlichen Reichs des Großen Friedens* auf die Bevölkerung in Süd-Jiangsu)
历史研究 *Lishi yanjiu* (Historische Forschungen)1998, 2, 64-74.
(Der Autor Cao Shuji, geboren 1956, ist promovierter Historiker und außerordentlicher Professor am Institut für historische Geografie Chinas an der Fudan-Universität. 作者曹树基, 1956年生, 复旦大学中国历史地理研究所副教授, 历史学博士。)

刘增合 Liu, Zenghe. 太平天国运动初期清廷的军费筹济 *Taiping Tianguo yundong chuqi Qing ting de junfei chouji* (The Qing Government's Raising of Military Funds in the Early Days of Taiping Revolutionary Movement)
历史研究 *Lishi yanjiu* (Historische Forschungen) 2014, 2, 55-72, 189. [englische Zusammenfassung S. 189]
(Der Autor Liu Zenghe ist Professor am Zentrum für neuzeitliche Geschichte Chinas am Historischen Institut der Chinan Universität [Puli, Nantou,Taiwan] 作者刘增合，暨南大学历史系近代中国研究中心教授。)

Anhang

Auf den Spuren der Taiping – Eine Reise nach Nanjing im Frühherbst 2017

Meine Frau, Margarete Gaier, und ich haben China mehrfach besucht. Zuletzt waren wir in der Provinz Yunnan (Karl-Fritz Daiber, 2016). Noch einmal wollten wir China besuchen. Die Wahl fiel auf Nanjing. Zwei Gründe waren ausschlaggebend: Wir hofften, an den Feierlichkeiten nach dem Geburtstagsfest für Konfuzius am 28. September teilnehmen zu können. Und wir wollten die Spuren entdecken, die die Taiping in dieser Stadt hinterlassen haben. Beide Unternehmungen erwiesen sich als hindernisreich.

Den Konfuzius-Tempel besuchten wir schon am ersten Tag unseres Aufenthaltes am 30. September. Das Konfuziusfest war vorüber. Es gab in Nanjing keine Nachfeiern. Trotzdem war der Tempel gut besucht. An den Bäumen im Innenhof um die Statue des Konfuzius hingen unzählige Wunschzettel, an Konfuzius gerichtete Bitten um Hilfe bei bevorstehenden Examen. Der Tempel war Tempel und Museum zugleich. Die Musealisierung erlaubt den kommunistischen Regenten die Unterstützung und Duldung von Konfuziustempeln. Es war so wie in anderen Tempeln: Vorne das eigentliche Tempelareal, im hinteren Teil einfach Museum.

Ob er wohl in der Taiping-Zeit zerstört worden war? Mit einiger Sicherheit. Der Zerstörung während der Kulturrevolution scheint er entgangen zu sein. Schon die Regierungen zwischen 1912 und 1948 unter Sun Yat-sen, seinen Nachfolgern und Chiang Kai-shek hatten ihn entwidmet und für militärische Zwecke benutzt. Erst nach der Kulturrevolution wurde er wieder Tempel und Museum zugleich.

Noch mehr Konfuzianisches haben wir zu Gesicht bekommen, nämlich die in Teilen restaurierte Konfuzianische Akademie, in der die Beamtenprüfungen teils auf nationaler Ebene, teils auf provinzieller Ebene abgehalten worden sind. Die Bedeutung dieser Institution ist sogar durch ein völlig neues unterirdisches Museum für das kollektive Gedächtnis Chinas bewahrt.

Ehe ich von den entdeckten Taiping-Spuren berichte, doch noch eine kurze Information zum heutigen Nanjing.

Wer in Nanjing per Flugzeug ankommt, reist zunächst über freies Feld Richtung City. In der Ferne wird bald das Hochhausensemble der Stadt sichtbar. Darin unterscheidet sich Nanjing nicht von anderen Metropolen Chinas. In der Altstadt, innerhalb der alten, gewaltigen Ming-Stadtmauern, gibt es weite Partien, die zumindest das Wohnen in den fünfziger Jahren in der Stadt ahnen lassen, noch ältere Teile sind selbstverständlich eingesprengt. Die Altstadt hat einen Kern, der im Ming-Stil wiederaufgebaut worden ist. In der unmittelbaren Nähe zu den Stadtmauern liegen ebenfalls ältere Stadtteile mit je eigener Prägung. Kleine Flussläufe dem Yangtse zu formen die Stadt mit.

Nanjing ist eine ungewöhnlich schöne Stadt. Eindrucksvoll ist das Yangtse-Ufer, die weite Fläche des Xianwu-Sees und die Bergwelt des Zijin Shan, alles zusammen mit einem ausgebauten Metrosystem erreichbar.

Die Bevölkerung von Nanjing hat während der letzten zweihundert Jahre unendlich gelitten infolge der Eroberung der Stadt durch die Taiping, durch die Rückeroberung der Stadt durch die Qing-Truppen, zuletzt durch die Eroberung der Stadt durch die Japaner 1937, die wiederum in einem Massaker endete.

Nanjing ist heute Hauptstadt der Provinz Jiangsu. Die Metropolitanregion hatte 2017 11,7 Millionen Einwohner, die provinzunabhängige Stadt Nanjing selbst hatte 8,3 Millionen Einwohner, stetig weiterwachsend. (Zahlen nach dem Wikipedia-Artikel Nanjing: https://en.wikipedia.org/wiki /Nanjing. Abruf: 07.04.2018).

Doch nun zurück zu den Taiping in Nanjing. Das 1958 eingerichtete „Taiping Heavenly Kingdom History Museum" war im Grunde der wichtigste Anlass dafür, Nanjing als Reiseziel zu wählen. Darum war es auch der erste Ort, den wir besuchen wollten. Von Freunden geleitet fuhren wir in einem Taxi dort vor. Wir kamen gerade bis zur Kasse vor dem Eingang. Sowohl der berühmte Zhan-Yuan-Garten als auch die Gebäude in ihm waren wegen Restaurierung geschlossen. Eigentlich hätte ich wissen können, dass das Museum geschlossen war. Ein Vermerk fand sich im Internet. Ich hatte nur gehofft, dass die Renovierung inzwischen abgeschlossen sei. Garten und Gebäude bestanden schon in der Taiping-Zeit. Der Garten war berühmt. Es war der Garten des ersten Ming-Herrschers. Yang Xiuqing soll hier residiert haben. Ob er hier einen Dauerwohnsitz hatte, ist nicht ganz sicher. Wenn dies der Fall gewesen wäre, wären er, seine Familie und seine nächsten Anhänger auch hier ermordet worden. Wie dem auch sei, Mao Zedong hat das Museum einrichten lassen, wohl wissend, dass es sich um einen historisch bedeutsamen Ort handelt. Wir aber standen vor dem Tor, blickten gerade in den ersten Winkel hinein. Das war's. Schade, Präsentationen in Museen sind nicht selten wissenschaftlich gut fundierte Darstellungen. Wir hätten den Blickwinkel gerne kennengelernt, unter dem Mao Zedong die Taiping-Geschichte gesehen haben wollte.

Am 1. Oktober haben wir das Nanjing Massaker Museum besucht. Es war der Nationalfeiertag. Alt und Jung war auf den Beinen, ganze Familien unterwegs, ganze Familien in der Schlange vor dem gigantischen Museum. 350 000 Menschen sollen 1937 umgekommen sein. Ihrer wird eindrücklich gedacht. Die hindurchgeschleusten Menschen erstarrten in Stille. Auch der Retter wurde gedacht und der prominenten Besucher des Museums. Die Chinesen scheinen ein hohes Interesse für ihre nationale Geschichte zu haben. Anders ist der Ansturm nicht zu erklären. Sie kamen nicht in organisierten Gruppen, sondern informell und im Kreis ihrer Familien.

Natürlich waren am Nachmittag des Feiertags die Geschäfte geöffnet. So konnten wir uns um ein neues Ladegerät für den Laptop bemühen. Ein Drama bis zum späten Ende am nächsten Tag. Abgeschlossen haben wir den Feiertag mit einem Besuch des buddhistischen Jiming-Tempels vor der Stadtmauer. Er wurde im 6. Jahrhundert erbaut, unter dem ersten Ming-Kaiser in seiner jetzigen Gestalt erweitert. Von den Taiping wurde er zerstört, dann wieder aufgebaut, in der Kulturrevolution wieder zerstört und dann in seiner Ming-Architektur wieder hergestellt. Man muss bis zu seiner Pagode hoch hinaufsteigen. Die meisten Pilger waren beim Abstieg, keineswegs nur alte Mütterchen, viele junge Leute in Gruppen, auch Paare. Selbst eine Männergruppe stieg mit uns hinan. Auch das ist China. Bei aller Modernität ein Ja zur Tradition. Trotz aller Tradition doch merkliche Veränderungen in Richtung säkulare Lebensdeutung, nachhaltiger wirksam als der Ikonoklasmus der Taiping und der Kulturrevolutionäre.

Nach einem vergeblichen Versuch, zum Sun Yat-sen Memorial zu gelangen, besuchten wir am Tag darauf das Museum des Vertrags von Nanjiing. Selbst das Hotelpersonal hatte Schwierigkeiten, es ausfindig zu machen. Es stellte sich heraus, dass es in einem Tempel untergebracht war, nicht weit vom Yangtse entfernt. Der Tempel war ursprünglich von Admiral Zheng He 1407 errichtet worden, gewidmet der Göttin der Seefahrer, Tian Fei Gong, zum Dank für die behütete Seefahrt, die ihn mit einer großen Flotte in den fernen Westen geführt hatte. Wenig später wurde der Tempel großartig erweitert, fast neu errichtet, diesmal dem Admiral als großem Helden selbst gewidmet. So war dies im alten China: die Helden der Nation wurden als gottgleiche Ahnen in Tempeln verehrt. Und hier haben dann die Engländer der Qing-Dynastie den ersten der Ungleichen Verträge 1842 abgerungen. Die Insel Hong Kong kam in den Besitz der Briten.

Der Jinghai-Tempel, so hieß der Tempel als Admiralstempel, teilte das Geschick vieler Tempel in Nanjing: Die Taiping demolierten ihn. Die Qing-Dynastie baute ihn wieder auf. Spätestens in der Zeit der Kulturrevolution wurde er wieder demoliert und danach wieder aufgebaut. Das Gebäude in alter Form, diesmal als Museum für Zheng He und als Museum, das an den Abschluss des Vertrags von Nanjing erinnert. Im vorderen Gebäudeteil liegt die Gedächtnishalle für Zheng He. In der Gestalt einer überlebensgroßen modernen Statue ist er präsent. Wandmalereien erzählen die Geschichte seiner Heldentaten. Demgegenüber ist die Erinnerung an den Nankinger Vertrag eher bescheiden.

Natürlich dürfen Heldentempel alter Art in China nicht mehr erbaut oder unterstützt werden. Aber umgewandelt in Museen werden sie. Da waren die Taiping sehr viel radikaler.

Das Umfeld des He-Tempels ist religiös angereichert. In seiner unmittelbaren Umgebung liegt ein modernes taoistisches Zentrum, auch neu gebaut. Der Taoismus ist ja staatlich anerkannte Religion.

Es war am Donnerstag, 5.Oktober 2017, als wir den Präsidentenpalast besuchten, am regenreichsten Tag unseres Aufenthalts. Die Regenschirme waren den Wassern kaum gewachsen. Und vor dem Palast, heute „China Modern History Museum", standen schon die Besuchermassen. Es war ja kurz nach dem 1. Oktober, in der großen Ferienwoche in der ganzen Volksrepublik. Der Palast liegt nahe der Altstadt an der Changjiang Road, parallel dazu läuft die Taiping Road zur Erinnerung daran, dass an der Stelle des Präsidentenpalasts der Palast des Himmlischen Königs Hong Xiuquan stand. Vergessen sind die Taiping in Nanjing nicht.

Die Geschichte des Palastes beginnt in der Ming-Zeit, unter dem ersten Kaiser der Ming-Dynastie, als Nanjing kaiserliche Hauptstadt Chinas war. Damals baute ein hoher Würdenträger neben dem Kaiserpalast seine Residenz. Als die Ming Beijing wieder zur Hauptstadt machten, wurde der Palast Sitz des Vizekönigs für einen großen Teil des südlich des Yangtses gelegenen Chinas. So blieb es, bis die Taiping 1853 Nanjing zu ihrer

Hauptstadt machten. Hong Xiuquan ließ auf dem Gelände seinen Palast des Himmlischen Königs erbauen, grandios und luxuriös offenbar. Davon sieht man heute nichts mehr. Die Qing-Truppen haben ihn 1864 vollständig zerstört. Das Gelände wurde indessen weder bebaut, diesmal mit einem Palast des Generalgouverneurs der anliegenden Südprovinzen. So blieb es bis 1911. Im Januar 1912 rief hier dann Sun Yat-sen die Republik aus und schwor den Eid als provisorischer Präsident. Die Zeit der Qing war endgültig zu Ende. Ironie des Schicksals, möchte man fast sagen. Nicht einmal 50 Jahre waren seit dem Ende des Taiping-Reichs vergangen.

Damit war die große Geschichte des Regierungspalastes in Nanjing jedoch nicht zu Ende. Von 1927 bis 1937 war er Sitz der Regierung der Republik von China unter der Präsidentschaft von Chiang Kai-shek. Von 1937-1945 hatten ihn die Japaner in Beschlag genommen. Die nationalistische Regierung kam zurück, bis zu ihrem Rückzug aus Festlandchina nach Taiwan.

Dies alles erfährt man auf dem Rundgang durch die riesige Palastanlage. Die Ausstellungräume zeigen vielfach die ursprüngliche Ausstattung unter Chiang Kai-shek.

Erst ganz am Ende konnten wir uns wieder freier bewegen, zuvor waren wir nur noch durchgeschleust worden. Der Rückweg führte uns durch prächtige Gartenanlagen und schließlich zur musealen Präsentation der Geschichte des Palastes. Hier wurde auch an Hong Xiuquan und die Herrschaft der Taiping erinnert, als kurzer, aber nicht unwichtiger Phase der modernen Geschichte von Nanjing als der südlichen Hauptstadt.

Während unseres Aufenthaltes in Nanjing hatten wir uns mit chinesischen Freunden getroffen. Da wir alt waren, fanden wir mancherlei Helfer und Begleiterinnen. Die Hotelmanager waren ungewöhnlich offen für unsere Informationswünsche. Sie alle habe ich danach gefragt, ob sie von den Taiping wüssten und ob sie wüssten, dass die Taiping Christen gewesen seien. Da unsere Freunde in der Regel mindestens bis zu einem Bachelorabschluss studiert hatten, konnten sie Antwort geben. Ja, von der Taiping-Bewegung wüssten sie. Einschlägiges stehe in den Lehrbüchern der Middle School und der High School. Und das wussten sie auch, dass der Anführer Christ gewesen sei. Stereotyp lautete die Einschränkung: Am Anfang sei er Christ gewesen, später nicht mehr. Zum Abschluss besuchten wir noch die theologische Universität der staatlich anerkannten protestantischen Kirche. Eine Bibliothekarin zeigte uns die Bestände der Bibliothek. Ob es denn Untersuchungen zu den Taiping hier gebe? Sie wisse es nicht. Es gibt offenbar theologisch Wichtigeres zu tun, als sich mit den Taiping zu beschäftigen, ob diese nun Protestanten gewesen sind oder nicht, Pseudoprotestanten oder nicht oder eben doch gar keine Christen.